湖南省哲学社会科学基金项目：基于行为股利理论的上市公司非理性股利政策研究（项目编号11YBB086）资助

JIYU XINGWEI GULI LILUN DE
SHANGSHI GONGSI FEILIXING
GULI ZHENGCE YANJIU

基于行为股利理论的
上市公司非理性
股利政策研究

龚慧云 ◎ 著

中国财经出版传媒集团
经济科学出版社
Economic Science Press

图书在版编目（CIP）数据

基于行为股利理论的上市公司非理性股利政策研究/
龚慧云著 . —北京：经济科学出版社，2020.1

ISBN 978 - 7 - 5218 - 1220 - 6

Ⅰ . ①基… Ⅱ . ①龚… Ⅲ . ①上市公司 - 股利政策 -
研究 - 中国 Ⅳ . ①F279. 246

中国版本图书馆 CIP 数据核字（2020）第 008144 号

责任编辑：刘　丽
责任校对：隗立娜
责任印制：邱　天

基于行为股利理论的上市公司非理性股利政策研究

龚慧云　著

经济科学出版社出版、发行　新华书店经销

社址：北京市海淀区阜成路甲 28 号　邮编：100142

总编部电话：010 - 88191217　发行部电话：010 - 88191522

网址：www. esp. com. cn

电子邮箱：esp@ esp. com. cn

天猫网店：经济科学出版社旗舰店

网址：http://jjkxcbs. tmall. com

固安华明印业有限公司印装

710 × 1000　16 开　10. 25 印张　150000 字

2020 年 1 月第 1 版　2020 年 1 月第 1 次印刷

ISBN 978 - 7 - 5218 - 1220 - 6　定价：68. 00 元

（图书出现印装问题，本社负责调换。电话：010 - 88191510）

（版权所有　侵权必究　打击盗版　举报热线：010 - 88191661

QQ：2242791300　营销中心电话：010 - 88191537

电子邮箱：dbts@ esp. com. cn）

前言

作为上市公司的核心财务政策之一，股利分配一直受到利益各方的充分关注。其恰当与否，直接关乎公司的未来发展、投资者的经济利益以及资本市场的稳定，因此，对上市公司而言，权衡各方利益以制定合理的股利政策具有十分重要的意义。然而，综观我国上市公司股利分配现状，其与西方资本市场上市公司的理性股利政策特征相去甚远，表现出诸多的"非理性"，传统的经典股利理论很难对其进行强有力的解释或预测，从而有必要引入行为股利理论及其研究方法，以对我国上市公司非理性股利政策进行更具针对性的本土化研究。

本书首先阐述了行为财务学的基本观点以及基于行为财务学的行为股利理论，分析了行为股利理论对经典股利理论的创新；其次，从经济学、财务学、心理学等学科领域出发，以夯实行为股利研究的理论基础，并力图形成一些演绎性的理论成果或观点；再次借鉴西方资本市场上市公司的理性股利政策分配经验，深入剖析了我国资本市场上市公司股利政策的非理性特征，并在此基础上分析了行为股利理论对我国上市公司非理性股利政策研究的适用性；然后基于两个不同的理论框架，即投资者非理性框架与管理者非理性框架，分别运用行为股利理论及其方法，对我国资本市场的实际——上市公司非理性股利政策进行了理论分析与实证研究；最后立足于公司股利政策的理性提升，择其要点略述了有关制度的改进建议。

本书主要力图在以下几个方面有所创新：一是区别于传统的研究方法，本书较系统地从行为角度来对我国上市公司股利政策进行分析研究，视角具有独特性，也更符合我国证券市场的实际情况，因而也更可能有针对性地提供一些更具解释力的理论成果与经验证据。虽然这并非我们独有的特色，但是从这个研究角度展开系统性研究的学术专著还很少。二是从经济学、财务学、心理学等学科领域出发，力求夯实行为股利研究的理论基础，并力图形成一些演绎性的理论成果或观点，以期深化人们对于行为股利研究的理解，并强化其对现实股利政策的解释能力。三是为深入剖析当前市场环境下的投资者的非理性心理与行为特征，我们基于与投资者信念、偏好以及决策相关的认知心理学和社会心理学的研究成果，结合我国证券市场的实际，设计了一份专门针对投资者行为的股利政策调查问卷，并根据其统计结果从投资者非理性方面对我国上市公司的非理性股利政策进行了解释。四是鉴于我国证券市场投资者的非理性，本书运用国外行为股利研究的最新成果——股利迎合理论，且在对其所定义的股利溢价进行改造的基础上，即将其定义为送转股公司与纯派现公司的平均市值账面比（M/B）的差值，利用 Logistic 模型以及多元回归模型来对我国上市公司管理者是否存在理性迎合投资者热衷送转股的股利偏好的行为进行了深入研究。五是国内对于管理者过度自信的研究，较多地集中于对公司的投融资决策的影响方面，很少涉及公司股利决策方面。同时，如何有效地度量管理者过度自信程度，也一直是行为财务学研究的难题。基于此，本书首先对"管理者过度自信"的度量方法进行了可行性的创新，然后在此基础上构建了两个模型以深入研究管理者过度自信程度与公司股利政策之间的关系，因而本书在一定程度上弥补了该方面研究的空缺。

目 录

第1章 绪 论

1.1 研究背景与研究意义

股利政策作为公司理财的核心内容之一，主要研究公司是否应该发放股利，发放多少股利，以什么方式发放，股利的增长率为多少等问题，是公司在利润再投资与回报投资者两者之间的一种权衡，它同公司的融资与投资决策紧密联系在一起，作为两者的共生性决策内容，共同地服从与服务于公司整体的财务目标。

1.1.1 研究背景

1990 年 11 月，以上海证券交易所的成立为标志，我国证券市场的发展进入一个新的阶段。经过二十多年的洗礼，我国证券市场在上市公司数量、市场规模和投资者数量等方面取得了可喜的成绩，但也出现了一些问题。其中，较为突出的是关于上市公司的股利分配问题，如股利分配形式繁杂多样，热衷送转股；实施派现的上市公司比例呈阶段性特征；股利回报率低于同期银行存款利率；非良性派现现象依然存在；股利政策缺乏连续性与稳定性等。这种非理性的股利政策，一方面扭曲了股利与股票价格之间的关系，使得股价严重失真；另一方面则损害了投资者利益，加重了证券市场的投机性，不利于投资者树立正确的投资理念。为此，上市公司股利政策成为我国社会各界广泛关注、普遍质疑与猛烈抨击的对象，我国证券市场监管层也因此对其加大了监管力度，加快了改进监管状况的步伐，并出台了一系列的监管政策，如证监会先后在 2001 年颁布了《上市公司新股发行管理办法》《中国证监会股票发行审核委员会关于上市公司新股发行审核工作的指导意见》，2004 年颁布了《关于加强社会公众股股东权益保护的若干规定》，2008 年颁布了《对于修改上市公司现金分红若干规定的决议》，2012 年颁布了《关于进一步落实上市公司现金分红有关事项的通知》，2013 年颁布了《上市公司监管指引第 3 号——上市公司现金分红》，2014 年再次颁布了《上市公司章程指引（2014 年修订）》，并要求上市公司在其公司章程中明确表述股利政策，以强化公司的分红承诺，更好地保护中小投资者利益。股利监管政策的出台对我国上市公司的股利政策行为起到了一定的约束和引导作用，但是仍然未能从根本上"拨乱反正"，未能从整体上显著地提升我国上市公司的质量与证券市场的投资价值。

与之相对应，国内学者也从不同角度出发，运用经典股利理论对此进行了分析与解释。但是，实践观察和实证分析表明，我国上市公司的实际股利决策行为并不能用上述理论完美地加以解释。比如，根据信号传递理论，在企业管理当局与外部投资者之间存在信息不对称的情况下，股利政策的差异被视为是管理当局向外界传递公司经营业绩好坏及未来盈利能力的极有价值的一种信号或手段。然而，赵红（2016），姚海琳（2017），赵枚辉（2018）等学者的研究表明，由于我国上市公司在股利政策选择上存在随意性，因而股利政策的差异或变动并不能够反映与传递有关公司未来前景的信息[1-3]。面对经典股利理论的解释的乏力与失效，究其根本原因，其一是因为经典股利理论建立在标准财务理论基础之上，许多基本假设不同于市场参与者的实际决策行为，其主要表现为，标准财务理论认为人们的决策是建立在理性预期、风险回避、效用函数最大化以及根据实际情况或环境的变化不断更新自己的决策知识等假设之上的[4]。然而众多的心理学研究证明，人们的实际决策与此并不相同，比如人们总是用简单性原则生成主观的认识，决策时偏好按以往的认知习惯行事等。研究还证明，人们实际决策过程中的这种对于理性决策的偏离是系统性的，是无法通过统计平均而予以消除的，所以其总体决策也会偏离标准财务理论的假设。其二是相较西方发达国家较为完善成熟的证券市场而言，我国证券市场的发展才刚起步，其无论是在公司制度、市场环境，还是相关法规等方面都与前者存在较大的差距，因而也注定其难以运用西方经典股利理论来对我国上市公司的非理性股利政策给予明确且合理的解释。

由于西方经典股利理论所存在的缺陷与不足以及我国证券市场的实际情况，国内学者转而从行为财务学视角出发，尝试运用行为股利理论对我国上市公司股利政策的非理性现象或特征进行研究。建立在行为财务学基础上的行为股利理论，充分考虑了市场参与者的心理因素的作用，认为人们在面临股利政策时并不都是理性的，而是会受到诸如情绪、感情或习惯等因素的影响，因而主要从微观个体行为以及产生该行为的心理、社会等动机方面来研究和解释公司股利现象，也因此更加符合市场的实际情况。但是由于国内的行为股利研究起步较晚，因此，目前的研究主要集中并停留于对国外行为股利理论、模型和策略的归纳、总结及介绍上，而真正能够借鉴西方行为股利理论的最新研究成果，如股利迎合理论等，并结合我国实际，来深入研究我国证券市场上股利政策现象与问题的文章并不多。

1.1.2　研究意义

股利决策与上市公司投融资决策密不可分，其恰当与否，直接关乎公司的未来发展、投资者的经济利益以及资本市场的稳定与否，因此，对上市公司而言，权衡各方利益以制定合理的股利政策具有十分重要的意义。

（1）合理的股利政策有利于公司控制权的稳定以及公司增长目标的实现。由于利润留存是公司下一年度投资资金的主要来源之一，因而，股利政策直接关系到公司当期利润有多少可以用于再投资。并且，在一定投资水平下，股利支出越多，利润留存则越少，相应的外部融资规模就要求越大，其结果是一方面融资成本增加（因为内部融资成本通常低于外部融资成本）；另一方面则可能导致公司经营风险增加（主要采用负债融资的情况下），或者导致原有股东所有权稀释（主要采用股权融资的情况下），甚至带来控制权稳定问题。反之，如果公司融资能力一定，利润留存的多少将直接关系到公司能否完成预定的投资计划，进而关系到公司预期增长目标的实现。

（2）合理的股利政策能够向投资者传递有关公司未来盈利能力和发展前景的内部信息，从而为其理性决策提供有益帮助。换言之，公司财务报表中的会计收益仅仅反映了公司在过去一段时间内的经营业绩，不能有效地反映企业的未来盈利能力和发展前景，而合理的股利政策则能传递财务报表未能提供的这部分信息，成为投资者判断公司未来业绩的指示器，从而为其理性决策提供科学依据。

（3）合理的股利政策有利于保护有关利益各方的权益，增强市场各方对资本市场的信心，促进整个资本市场的健康、有序发展。一方面，稳定增长的股利政策可以向市场各方传递有关公司正常发展的信息，有利于公司在资本市场上树立良好的形象、增强投资者信心，进而有利于稳定公司股价；另一方面，较高的股利支付率和稳定增长的股利发展趋势，不仅能够满足股东的股利需要，而且能够吸引潜在的长期投资者，包括个人投资者和机构投资者，从而有效降低市场的投机性，促进整个资本市场的健康、有序发展。

综上所述，基于股利政策的重要性，以及我国上市公司非理性股利政策的实情及研究现状，本书拟在剖析我国市场参与者——投资者与管理者的心理及其行为特征的基础上，借鉴西方行为股利理论的最新研究成果以对我国上市公司股利分配异象进行更具针对性的本土化研究，进而从制度建设上加以改进与完善，以期从根本上提升它的理性程度。无疑，这无论是对公司未来的稳健发展、投资者权益的有效维护，还是资本市场的自然属性、基本功能的恢复都将具有十分重要的理论意义与现实意义。

1.2　国内外研究现状

1.2.1　国外的行为股利研究现状

西方财务学界对股利政策的研究由来已久。20 世纪 80 年代，随着股利政策理论与实证研究的深入发展，以米勒（Miller，1987）、塞勒（Thaler，1985）、谢夫林和斯塔特曼（Shefrin & Statman，1984）等为代表的学者开始引进心理学和社会学等学科的研究成果，从行为科学角度出发，研究基于资本市场非有效和市场参与者非理性前提下的公司股利政策。

1. 投资者自我控制与公司股利政策的研究

为验证股利政策是否实际上为投资者提供了一种外在的约束机制，利斯（Lease，1976）通过问卷调查发现，投资者年龄越大越看重股利收益，在投资过程中也越倾向于能够带来股利收益的股票，特别是退休投资者尤为看重股利收益[5]。在此基础上，佩蒂特（Pettit，1977）、谢夫林和斯塔特曼（1984）等对股利收益与投资者年龄、收入、个人所得税率和投资组合风险等因素进行了回归分析，结果发现股利收益与投资者年龄显著正相关，与投资者收入显著负相关。他们的解释是：退休投资者收入较低且来源有限，需要定期股利收益以供日常开销，因此倾向于选择投资股利收益率较高的公司；年轻投资者消费欲望很强，而为了强迫或实现自我储蓄，因此倾向于选择股利收益率较低的股票投资组合[6-7]。这一结论也得到了相关的经验数据的支持。阿隆·巴夫（Alon Brav，2003）等的调查发现，首席财务官（Chief Finance Officer，CFO）相信，个人投资者喜欢分红；而且一些 CFO 认为，个人投资者（至少是老年投资者）喜欢分红是因为他们直接以分红来支付日常开支[8]。

2. 投资者心理账户与公司股利政策的研究

在经济理论中，钱是可以完全替代的，即一个账户中的钱同另一个账户中的钱应该是可以替代开支的。但是，由于心理账户的原因，这一原则常常被违反。谢夫林和斯塔特曼（1994）认为，投资者从心理上将股利收益和资本收益分为"股利账户"和"资本账户"两个局部账户，并且对待这两个账户的态度是不同的。在投资者看来，资本账户是属于未来的收入，因而不愿意现在就消费，所以，如果股利被削减，而投资者又只能出售股票用于消费时，投资者就会出现心理障碍，就会低估该公司股票的价值[9]。这对人们为什么偏好现金股利、大多数公司支付股利和股利支付增加时股价上涨的现象给出了一定的解释。

3. 投资者后悔厌恶心理与公司股利政策的研究

人们在不确定情况下决策时，为了避免后悔，会选择维持现状，从而使未来后悔的可能性降到最低。谢夫林和斯塔特曼（1985）通过调查后发现，投资者一般都是后悔厌恶型的，出售股票只会使其更后悔，因为他们设想本来可以不采取这一行动，所以投资者偏好现金股利宁愿等待分红，每年领取现金股利[10]。戴维斯和杰夫（Davis & Jeff，2012）通过实证研究发现，投资者的后悔厌恶心理使得其通常会远离风险较高的股票，即使是市场中被严重低估的小公司股票和价值股，而倾向于选择具有高派息率的大公司股票或明星股[11]。

4. 行为惯性与公司股利政策的研究

一些学者研究了习惯行为或行为惯性在人们经济思维中的作用。法兰克福和莱恩（Frankfurter & Lane，1984）运用习惯、有限理性和非正式契约这 3 个行为经济模型解释了公司的分红行为，比如以往年度某公司都是派发现金股利，这就相当于在公司和投资者之间签订了一个非正式契约，在以后的决策过程中公司管理者就要遵守该契约；否则，就要付出相应的代价，如股价下跌或被解雇等[12]。瓦勒（Waller，1988）详细考察了经济生活中习惯或非反应性行为所起的作用，认为习惯或行为惯性很难被打破，成为一种决策或行为定式。比如某公司之所以支付现金股利，仅仅是因为以前年度都采用这种股利支付方式[13]。戈登·唐纳森（Gordon Donaldson，1995）在对不同公司间的财务政策的比较研究中发现，决定给定时刻任何股息支付比例的压倒性理由是惯性因素[14]。

5. 管理者理性迎合心理与公司股利政策的研究

投资者的分红偏好，通常是公司管理者决定是否分红以及如何分红的一个非常重要的考虑因素。林特纳（Lintner，1956）在对美国 600 家上市公司财务经理进行问卷调查的基础上，提出了一个高度简化的股利支付模型，即 Lintner 模型，并明确指出为迎合投资者的股利偏好特征，上市公司一般会保持一个长期而稳定的目标股利支付率，不轻易提高或降低。只有当上市公司确信其未来收益水平的提高足以支付长期增加的股利时，才会逐步提高股利支付率至公司的长期可持续收益水平[15]。法玛和巴比亚克（Fama & Babiak，1968）的研究证实了该观点[16]。谢夫林和斯塔特曼（1984）认为，现金红利一方面有助于投资者克服自我控制问题，另一方面也有助于投资者有效区分公司盈利情况，从而增加其主观效用，避免遗憾心理。而公司支付现金红利实际上是对投资者股利偏好的一种迎合[7]。贝克和沃格勒（Baker & Wurgler，2002）在对不同股利理论进行比较研究后发现，其实证结果与股利迎合理论最为接近，并且该理论能够较好地解释美国 1978 年以后股利大幅减少的现象以及 1962—2000 年股利支付的四个趋势[17]。贝克和沃格勒（2003）指出，根据公司是否支付现金股利，投资者通常将其分为两类，即支付现金股利型公司和不支付现金股利型公司，投资者对这两类公司的兴趣会因为其股利政策偏好的变化而变化，并对这两类公司的股价产生相应的影响。理性的公司管理者通常通过迎合投资者不断变化的股利需求以获得股票溢价。而公司股利政策的变化也反映了投资者股利需求偏好的相对变化[18]。

综上所述，国外学者通过问卷调查、建立行为模型等方式对投资者为什么偏好分红并且要求分红，以及公司为什么分红进行了深入研究并得到了许多有益的结论，认为投资者偏好分红主要是受自我控制、后悔厌恶、心理账户、行为惯性等心理因素的影响，而公司之所以分红则是理性管理者为获得股票溢价，有意迎合投资者分红需求的结果。国外的行为股利研究，克服了经典股利研究中完全理性人决策的研究不足，充分考虑了市场参与者的心理因素的作用，为人们研究金融市场股利分配异象提供了新的视角。

1.2.2 国内的行为股利研究综述

与国外相比较，我国的股利政策研究起步较晚，20 世纪 90 年代中后期才逐步开始股利探索。其间，从行为科学角度展开的对股利政策的研究始于 21 世纪初。

1. 对国外行为股利研究成果的归纳、总结与介绍

近年来，国外行为股利理论的兴起与发展备受瞩目，并逐步引起国内学者的研究兴趣。但就目前而言，我国的行为股利研究仍处于对国外行为股利研究成果的归纳、总结与介绍阶段。徐明圣、刘丽巍（2003），李常青（2004）介绍了现代股利理论的演变过程，认为包括行为学派在内的

现代股利理论改变了传统理论的思维定式和分析方法，极大地扩展了财务学家的研究视野，从而使股利政策问题研究在"量"和"质"上均产生了很大的飞跃[19-20]。张文佳、方兆本（2004）对西方现代公司股利政策方面的理论和实证研究进行了一个综合性的回顾和分析，其中介绍了主流的股利行为模型[21]。李常青、张凤展、王毅辉（2005）通过对股利政策的最新行为财务解释——股利迎合理论的综述，认为早期的行为股利理论，都是停留于描述性的解说，而直到近来，贝克和沃格勒从理论上提出股利迎合理论并构筑了股利迎合理论模型，就此为股利政策的研究开创了新的方向[22]。李艳荣（2005）总结了行为公司财务的最新研究进展，认为外部市场的非有效性和内部管理者的非理性影响着包括股利政策在内的公司财务决策和公司价值最大化的行为，由此指出在我国上市公司的财务研究中应该引入行为公司财务的理论范式和研究方法，才能使研究前提和结果符合我国的实际经济情况[23]。陈嵘（2006）回顾了包括行为股利理论在内的现代西方股利政策主要理论及其演变历史，认为虽然尚未有理论能够完美地解决股利之谜，但是财务理论、行为理论和心理学理论的综合运用可能是进一步研究的方向[24]。付磊、陈杰（2006）介绍了目前西方国家从行为财务学角度对股利政策所做的研究，如股利公告效应、对红利折现模型的改进、管理者过度乐观、投合理论，并运用股利行为学派的相关理论对我国上市公司股利政策的特点进行了简单分析[25]。郭强（2006）认为，经典理性框架下的财务理论不能够完全回答公司为什么支付股利的问题，而行为财务学在放松了投资者、管理者理性的假设之后，对这个问题给出了较好的解释。对于投资者来说，自我控制的需要、后悔厌恶心理以及心理账户的原因，使得投资者偏好现金股利而不是资本收益；而对管理者来说，一方面为了迎合投资者的心理，另一方面由于其本身的后悔厌恶心理，也倾向于支付现金股利[26]。李长春（2008）指出，由于作为公司理财活动重要环境的资本市场的非理性，以及管理者在财务决策过程中难以避免的认知偏差与情绪偏差，使得管理者在实际理财活动中的行为并不总是理性的。而管理者的非理性很容易扭曲公司的财务决策行为，包括盲目股权融资、过度投资、不稳定的股利政策等，妨碍追求企业价值最大化的过程，影响公司理财目标的全面实现[27]。周春梅（2009）认为，由于股利政策研究本质上来说是一项系统性工程，且影响股利政策制定的各种因素之间存在复杂的、非线性的内在联系，因此，需要跳出财务的圈子，融合行为科学等相关学科来进行研究[28]。樊正玲和孙鹏（2009）通过研究认为，行为股利理论对股利政策的探索主要体现在两个方面：一是从行为心理学的角度探讨投资者偏好股利的原因；二是从套利有限的角度来探讨投资者偏好及公司管理者政策制定对股票价值影响的原因[29]。倪明杨、齐娜（2014）从理性股利政策理论和行为股利政策理论两方面介绍了学者对"股利之谜"的研究历程，并重点对非理性行为股利政策理论进行了文献综述，将其分别纳入"非理性投资者行为股利政策""非理性经理人行为股利政策"以及"行为信号理论"[30]。龚慧云（2009），李婉莹（2015），张文娟（2018）指出，行为股利理论侧重于从行为学角度研究人们的心理特征对股利政策的影响，因而为人们研究金融市场股利分配异象提供了新的视角，为研究我国上市公司股利分配中的非理性行为拓宽了渠道[31-33]。

2. 国外行为股利理论在我国的应用研究

国内一些学者借用国外的行为股利模型与方法对我国上市公司的股利分配问题进行了实证研究。陈炜（2003）采用超额收益率的事件研究法在对深市1995—2002年的有关数据进行实证研究后指出，中国市场股利支付政策的制定跟公司管理层迎合市场和投资者需求有关，具体表现在中国投资者历年对股利政策反应不一，而许多管理层为了迎合投资者需要，适时制定该种股利政策，从而导致该年度该种类型股利政策往往占主导地位[34]。何涛、陈小悦（2003）通过对送股和公积金转增股本行为的研究，提出了"价格幻觉"假说，认为公司管理者利用投资者的价格幻觉，通过送转股降低股价，诱导分析能力较差的投资者购买股票，从而在股票填权过程中实现提升企业市值的目的[35]。黄果、陈收（2004）运用迎合理论分析了上市公司非理性股利决策现状，指出投资者和管理者的非理性行为是导致该现状的直接原因，并结合中国市场环境进一步探讨了深层次原因，认为股利政策的行为财务学研究在中国具有广阔的发展前景[36]。饶育蕾、马吉庆（2004）通过对中小投资者的问卷调查发现，我国证券市场的投资者对现金股利存在心理值域，且其心理账户明显不同于国外学者的研究结果；投资者认为派现的股票要比根本不派现的股票好一些，但是现金股利的变化并未传递多少有关公司投资计划的信息；投资者对现金股利的大幅变化没有好感，赞同证监会把现金分红作为上市公司再筹资的必要条件，但仍有相当一部分投资者不注重派现收益[37]。王曼舒、齐寅峰（2005）采用我国股市 1994—2003 年数据，运用逻辑回归和线性回归方法对股利迎合理论是否适用我国进行了实证检验，结果表明我国上市公司是否支付现金股利并非由企业特征决定，也并不受反映投资者偏好的市场反应的显著影响[38]。邹振松、夏新平、余明桂（2006）对"非理性管理者假说"的有关理论模型和实证研究前沿进行了综述，具体包括管理者非理性对于公司的融资政策、投资政策、股利政策和并购行为等各方面造成的影响，并从管理层非理性的角度对我国上市公司的股利行为提出了基于行为公司财务的解释[39]。黄娟娟、沈艺峰（2007）以 1994—2005 年我国上市公司为样本进行研究后发现，在股权高度集中的上市公司，管理者制定股利政策主要是为了迎合大股东的需求，广大中小投资者的股利偏好往往被忽视，因此，认为贝克和沃格勒提出的股利迎合理论忽略了上市公司股权结构的特征[40]。熊德华、刘力（2007）采用 1993—2006 年的中国上市公司股利分配数据为样本，从迎合理论的角度对上市公司现金股利决策行为与股票市场的关系进行了实证检验，结果表明迎合理论对我国上市公司股利政策有较强的解释能力[41]。饶育蕾、贺曦、李湘平（2008）结合股利迎合理论的思想，运用 Logistic 模型来探讨我国社会公众投资者的现金股利需求和上市公司是否发放现金股利之间的关系，研究结果发现：我国社会公众投资者对现金股利的需求表现为股利折价；投资者的现金股利需求对上市公司是否发放现金股利具有一定的影响；上市公司现金股利的发放行为表现出对投资者现金股利需求的迎合[42]。卢太平、宋根苗（2009）在对行为财务理论的理论基础进行介绍的基础上，主要从理性预期理论、自我控制说、股利迎合理论以及管理者非理性等角度诠释了个体心理决策程序对股利政策的影响[43]。龚慧云（2010）运用股利迎合理论，对我国上市公司管理者是否存在理性迎合投资者热衷送转股的股利偏好行为进行了研究，结果发现，为获取股利溢价，我国上市公司管理者倾向于通过送转股的方式来迎合投资者的股利需求，并且投资者对高送转股票赋予的市场价值（股票价格）的高低，是其理性管理者决定其送转股比例高低的一个重要因素[44]。支晓强、胡聪慧等（2014）基于迎合理论，考察了股权分置改革前后我国上市公司的股利分配行为，发现股权分置改革前，现金股利政策与反映投资者偏好的现金股利溢价并不相关；股权分置改革后，现金股利溢价对现金股利政策的解释力显著增强；股票股利溢价对上市公司的股票股利政策在股改前后均有显著影响，这表明上市公司股票股利政策与中小股东的偏好密切相关[45]。戚拥军（2011），郑振龙、孙清泉（2013），李心丹等（2014），黄文锋、洪雪珍（2018）的研究均支持了"价格幻觉"假说，认为我国资本市场上的高送转，大多是为了迎合中小投资者的非理性需求，是公司管理层利用投资者对高送转股票的价格幻觉筹措资金的行为[46-49]。

综上所述，我国学者对于行为股利的研究，为我国上市公司的股利决策提供了理论指导，也为监管部门制定相关政策提供了理论依据，有利于我国上市公司规范股利分配。但是，目前我国的行为股利研究仍存在以下不足：一是内容上侧重于对国外行为股利研究成果的归纳、总结与介绍，创新性或原创性的研究成果很少，几乎是一片空白；二是方法上侧重于定性研究，虽然一些文献开始对我国的股利分配问题进行实证研究，但是为数不多，且大多是国外已有模型与方法在我国证券市场上的照搬，并没有达成一致见解，得出统一结论。

1.3　内容安排与主要创新

1.3.1　内容安排

本书共分为 8 章，各章分别包含以下内容。

第 1 章是绪论。首先，阐述了本书的研究背景及意义，并在此基础上，对国内外的有关行为股利研究现状进行了回顾，进而对本书的内容安排及可能的创新之处进行了简单概述。

第 2 章是本书的理论起点。首先阐述了行为财务学对标准财务学的挑战与发展，以及行为财务学的基本观点；然后立足于股利理论的历史演进过程，分别对基于标准财务学的经典股利理论以及基于行为财务学的行为股利理论进行了述评；最后分析了行为股利理论对经典股利理论的创新，主要包括范式转换与方法变革两个方面。

第 3 章是行为股利研究的理论基础，也是本书的理论基石。主要从经济学、财务学、心理学等学科领域出发，力求夯实行为股利研究的理论基础，并力图形成一些演绎性的理论成果或观点，从而以期深化人们对于行为股利研究的理解，并强化其对现实股利政策的解释能力。

第 4 章是我国上市公司股利政策的非理性特征分析，即本书研究的现实基础。主要借鉴西方资本市场上市公司的理性股利政策分配经验，深入剖析了我国资本市场上市公司股利政策的非理性特征，并在此基础上分析了行为股利理论对我国上市公司非理性股利政策研究的适用性。

第 5 章和第 6 章是本书的核心，主要基于两个不同的理论框架，即投资者非理性框架与管理者非理性框架，分别运用行为股利理论及其方法，对我国资本市场的实际——上市公司非理性股利政策进行了理论分析与实证研究。

第 5 章首先对投资者非理性框架进行了梳理；然后采用问卷调查的方式，深入剖析了基于当前市场环境下的投资者的非理性心理与行为特征，进而从投资者非理性方面对我国上市公司的非理性股利政策作出解释；最后鉴于投资者的非理性，运用股利迎合理论，来深入研究我国上市公司管理者是否存在理性迎合投资者热衷送转股的股利偏好的行为，即我国上市公司股利决策过程中的非理性现象是否是理性的公司管理者利用投资者的非理性以获取股利溢价的结果。

第 6 章首先对管理者非理性框架进行了理论分析；然后针对管理者非理性的主要表现——管理者过度自信，论述了其与公司股利决策的逻辑关系，并得出初步结论；最后为验证该结论的正确性，运用我国资本市场 2010—2018 年 A 股上市公司的有关数据，对管理者过度自信与公司股利决策进行了实证检验，其结果表明，管理者过度自信程度越高，股利政策就越可能成为其扩张性投资与融资决策的工具。这也进一步验证了关于管理者过度自信与公司股利决策的逻辑分析结果。

第 7 章是股利政策的制度改进与理性提升，也是本书内容的升华。首先论述了理性与制度之间的关系，指出公司股利政策，抑或资本市场的理性及其程度，包括投资者与管理者的行为上的理性程度，在相当程度上取决于相关制度的改进；然后立足于公司股利政策的理性提升，择其要点略述了有关制度的改进，如改进公司治理的制度环境、改进资本市场的信息条件。

第 8 章是结论，总结全书并对以后的研究方向作出展望。

1.3.2　主要创新

本书主要力图在以下几个方面有所创新。

（1）区别于传统的研究方法，本书较系统地从行为角度来对我国上市公司股利政策进行分析研究，视角具有独特性，也更符合我国证券市场的实际情况，因而也更可能有针对性地提供一些更具解释力的理论成果与经验证据。

（2）从经济学、财务学、心理学等学科领域出发，力求夯实行为股利研究的理论基础，并力图形成一些演绎性的理论成果或观点，以期深化人们对于行为股利研究的理解，并强化其对现实股利政策的解释能力。

（3）为深入剖析当前市场环境下的投资者的非理性心理与行为特征，我们基于与投资者信念、偏好以及决策相关的认知心理学和社会心理学的研究成果，结合我国证券市场的实际，设计了一份专门针对投资者行为的股利政策调查问卷，并根据其统计结果从投资者非理性方面对我国上市公司的非理性股利政策进行了解释。

（4）鉴于我国证券市场投资者的非理性，本书运用国外行为股利研究的最新成果——股利迎合理论，且在对其所定义的股利溢价进行改造的基础上，即将其定义为送转股公司与纯派现公司的平均市值账面比（M/B）的差值，利用 Logistic 模型以及多元回归模型来对我国上市公司管理者是否存在理性迎合投资者热衷送转股的股利偏好的行为进行了深入研究。

（5）国内对于管理者过度自信的研究，较多地集中于对公司的投融资决策的影响方面，很少甚至几乎没有涉及公司股利决策方面。同时，如何有效地度量管理者过度自信程度，也一直是行为财务学研究的难题。基于此，本书首先对"管理者过度自信"的度量方法进行了可行性的创新，然后在此基础上构建了两个模型以深入研究管理者过度自信程度与公司股利政策之间的关系，从而在一定程度上弥补了该方面研究的空缺。

第 2 章 行为财务学与行为股利理论

2.1 行为财务学对标准财务学的挑战与发展

罗伯特·豪根（Robert Haugen，1999）将财务理论的发展分成三个阶段："旧时代财务学"（Old Finance）、"现代财务学"（Modern Finance）和"新时代财务学"（New Finance）[50]。其中："旧时代财务学"是指 20世纪 60 年代以前，以会计财务报表分析为主的财务研究；"现代财务学"又称为"标准财务学"（Standard Finance），主要以 20 世纪中期开始兴起的经济学为其理论基础，着重研究理性假设条件下的价格发生机制和金融市场效率问题；"新时代财务学"则以自 20 世纪 80 年代开始逐渐受到关注的行为财务学为代表，其研究主题为投资者的有限理性以及金融市场的非有效性。

2.1.1 标准财务学的基础及其缺陷

1952 年，以马科维茨（Markowitz）发表的《证券投资组合选择》一文为开端，经过二十多年来众多学者的不懈努力与完善，20 世纪 70 年代中期，标准财务学形成了以法玛（1970）的理性人假设和有效市场假说

（Efficient Markets Hypothesis，EMH）为基础，以夏普（Sharpe，1964）、林特纳（1965）、墨森（Mossin，1966）的资本资产定价模型（Capital Asset Pricing Model，CAPM）、罗斯（Ross，1976）的套利定价理论（Arbitrage Pricing Theory，APT）、马科维茨（1952，1959）的资产组合理论和均值—方差模型，以及布莱克、斯克尔斯和默顿（Black，Scholes & Merton，1973）的 Black – Scholes – Merton 期权定价理论为基石的理论框架，并由此确立了其在经济领域的地位，成为主流财务理论。

1. 标准财务学的基础

标准财务学建立在两个重要的基础假定之上：一是理性人假设；二是有效市场假说（EMII）。虽然 EMH 在某种程度上放宽了对于经济人的严格理性假定，但是究其根本，其无法脱离理性人的假定而单独存在，因此两者都可以归于"理性范式"这一统一的假定前提之下。

理性人假设的观点主要有：第一，投资者是理性的，即投资者对信息可以做出无偏估计，可以基于所获得的信息做出最优投资决策；第二，投资者是同质的，即投资者是同样理性的，相互间没有区别，他们对于未来所做的判断或预测都是客观公正的；第三，投资者是风险厌恶型的，即在风险既定的情况下，投资者总会选择收益最大的投资组合，反之，在收益既定的情况下，投资者则总会选择风险最小的投资组合；第四，对于不同的资产，投资者的风险态度是一致的。

有效市场假说认为，市场是有效的，所有信息都充分包含或体现在金融市场各种金融产品的价格中。有效市场假说由三个逐渐弱化的假设组成：第一，假设投资者是理性的，因此投资者可以更理性地评估资产价值；第二，即使有些投资者不是理性的，但由于他们交易随机产生，交易相互抵销，不至于影响资产价格；第三，即使投资者的非理性行为并非随机而是具有相关性，但是他们在市场中将会遇到理性的套期保值者，后者将消除前者对价格的影响。有效市场假说是亚当·斯密"看不见的手"在金融市场的延伸，这种完美竞争均衡也是经济学家们一直梦寐以求的。

综上所述，我们不难发现，理性人假设实际上是标准财务学的最终基础，其中：预期效用最大化是理性人决策的目标；资产组合理论和套利理论描述了金融市场上理性投资者的行为特征；理性投资者的行为导致了有效市场；在有效市场上，证券资产的价格表现为资本资产定价模型、套利定价模型、期权定价模型等模型所描述的特征[51]。

2. 标准财务学基础的缺陷

（1）理性人假设很难成立。在现实世界中，人类认知的局限性决定了人类必然存在着许多理性之外的情绪、信念与习惯，而这些情绪、信念与习惯往往会破坏对理性决策必不可少的自控能力，同时，由于每个人的时间、注意力、记忆力以及处理信息的能力等也都是不同的、有限的，因此，人们会以自己的方式对自己可获得的信息进行处理加工后再决策。由于整个决策过程与人们的心理活动息息相关，如人们情绪与心境的好坏，往往会使得其判断与决策更趋于乐观或是悲观等，所以，现实世界中的投资者是有限理性的，其决策过程是并不完美的，其在行为中往往是追求最满意的方案而不是最优的方案。

（2）有效市场理论认为非理性投资者之间的交易将会随机进行，错误会相互抵消。然而，心理学的研究颠覆了这一论点，指出人们并不只是偶然偏离理性，而是经常以同样的方式偏离，无论是个人投资者还是机构投资者，他们的投资策略都表现出明显的趋同性，而不是相互抵销。夏夫斯坦和斯坦（Scharfstein & Stein，1990）通过研究后发现，为了避免业绩低于标准投资组合，职业投资经理们所选择的投资组合非常接近标准的投资组合，如 S&P500 指数，并且，为了在公布组合报告时能够给投资者留下良好的印象，他们会买进其他基金经理买进的组合，以免落在别人后面，因此，他们其实是标准的噪声交易者[52]。

（3）有效市场假说认为理性的套期保值者将消除非理性投资者对证券价格的影响，从而将价格稳定在基本价值上。但事实上，现实中的套利不仅充满风险，而且作用有限。一方面，套利作用是否有效，关键要看能否能够找到受非理性投资者影响的证券的近似替代品。对于一些衍生证券而言，尽管套利的交易量很大，替代品还是比较容易找到，而大多数情况下，证券并没有明显合适的替代品，所以即使它们存在"定价偏差"，套利者也无法进行无风险的对冲交易（Figlewski，1979；Campbell & Kyle，1993）[53-54]。而这种由于没有完全替代品而充满风险的套利行为则被称为"风险套利"。另一方面，即使能找到完全的替代品，套利者也将面临未来出让价格不确定性的风险，即价格偏差在消失前继续错下去的风险，这种风险被德朗（DeLong，1990）等称为"噪声交易风险"[55]。因为套利中存在诸多风险，而远非有效市场假说所认为的无风险，所以套利的作用也是相当有限的。

综上所述，由于标准财务学基础，即理性人假设和有效市场假说所存在的缺陷，使得标准财务学的主导地位发生了动摇，而一个新的财务研究领域也因此应运而生，这就是行为财务学。

2.1.2 行为财务学的发展及其基本观点

1. 行为财务学的产生与发展

何谓行为财务学？著名行为财务学家罗伯特·席勒（Robert Shiller，1997）所下的定义如下：行为财务学是心理学和决策理论与经典经济学和财务学相结合的学科①，主要研究投资者如何在决策时产生系统性偏差，并试图解释金融市场中实际观察到的或是文献中论述的，与标准财务理论

---

① 罗伯特·席勒（Robert Shiller，1997）论述中认为，行为财务学还吸收了社会学、人类学的研究成果。

相违背的反常现象的一种理论。这也就意味着，行为财务学是在对标准财务学，尤其是在对理性人假设和有效市场假说的质疑及挑战下逐步形成和发展起来的。

行为财务学的产生以 1951 年美国奥兰多大学商学院的伯勒尔（Burrel）教授发表的一篇名为《投资战略的实验方法的可能性研究》的论文为标志。该文首次将行为心理学与经济学相结合中来解释财务现象，认为财务学家在衡量投资者的投资收益时，不仅应建立和应用量化的投资模型，还应对投资者传统的行为模型进行研究，从而开拓了应用实验的方法将投资模型与人的心理行为特征相结合的财务新领域。此后，斯科特·鲍曼（Scott Bauman，1967），斯洛维奇（Slovic，1972）等学者相继进行了有关人类决策过程的心理学研究，但是令人遗憾的是，行为财务理论并没有引起学术界的足够重视，因而始终未能登上历史舞台。

直到 20 世纪 80 年代末，行为财务理论的复兴才初露端倪。1979 年，卡纳曼和特韦尔斯基（Kahnman & Tversky）通过实验发现，大多数投资者并非标准的金融投资者，而是行为投资者，其投资决策并非按预期效用理论假定都是理性的，其风险态度和行为经常会偏离预期效用理论的最优行为模式，并得出人在决策过程中不仅存在直觉偏差，还存在框架依赖偏差，经常会在不同的时候对同一问题做出不同的相互矛盾的选择。根据这一事实，卡纳曼和特韦尔斯基提出了期望理论[56]。该理论以其更加贴近现实的假设，严重冲击并动摇了标准财务学所依赖的预期效用理论，并为行为财务学奠定了坚实的理论基础。行为财务学也由此迎来了其真正意义上的发展，成为财务学寻找学科发展的突破口之一。

到了 20 世纪 90 年代，大量的金融市场异象，如"星期一效应""一月效应""小公司效应""股权溢价之谜""封闭式基金之谜"等，标准财务学已经无法作出合理有效的解释。随着社会经济的发展，尤其是亚洲金融危机以及诸如长期资本管理基金（Long - Term Capital Management，LTCM）的破产保护、老虎基金的倒闭等众多金融事件的发生，进一步加深了人们对于投资者理性和市场有效性的质疑。与此同时，期望理论也得到了广泛认可和经验求证，因此这一时期的行为财务研究以塞勒、席勒、谢夫林、斯塔特曼等学者为代表，取得了突破性的进展。其中：塞勒（1987，1999）主要研究了股票回报率的时间序列、投资者心理账户等问题[57-58]；席勒（1981，1995）、勒罗伊和波特（LeRoy & Porter，1981）主要研究了股票价格的异常波动、股市中的羊群效应、投机价格和流行心态的关系等问题[59-61]；谢夫林和斯塔特曼（1994，2000）则对标准财务理论体系中的资本资产定价模型以及资产组合理论提出挑战，构建并提出了行为资产定价模型以及行为组合理论[9]-[62]。此外，里特（Ritter，1991）对股票公开发行价格异常现象的研究[63]，卡尼曼等（1998）对反应过度和反应不足切换机制的研究[64]等，都对基于理性人假设和有效市场假说（EMH）的标准财务理论形成了巨大冲击。因而，这一时期也成为行为财务学发展的黄金时期。

随着行为财务学影响的日益扩大，行为财务理论已经开始为主流经济学家们所关注并逐渐接受。2002 年 10 月 9 日，瑞典皇家科学院宣布，将 2002 年的诺贝尔经济奖颁给行为财务学研究者丹尼尔·卡尼曼和弗农·L. 史密斯（Vernon L Smith），从而充分反映了主流经济学对行为财务学的认可，同时也预示了行为财务学在未来学科发展中不可忽视的位置。

2. 行为财务学的基本观点

心理学研究证明，人类的心智、生理能力由于受到各方面的约束，因而其理性是有限的。人们的信念、情绪往往会破坏对理性决策必不可少的自控能力，同时，由于信息的不完全与不对称以及人们所面临事物的复杂性，人们很难对需要决策的事物做出充分有效的归纳、总结与判断，因而在决策时往往采用一种启发式推理方法，即在决策过程中会走思维捷径，凭借直觉或经验解决问题。这样，非理性的行为也就难以避免。鉴于此，行为财务学否定了标准财务学过于简单的"理性人"假设，明确了市场参与者的心理因素在相应决策以及行为过程中的地位与作用，也因此更加贴近市场实际。

行为财务学的基本观点是：第一，投资者不是理性人。由于认知的局限性，投资者不能客观、公正、无偏地反映和加工信息。第二，投资者不是同质的。由于个人性格特征的不同，投资者的信念、偏好等都会存在差异，因而其行为方式以及对未来的预测和判断也会有所不同。第三，投资者是损失厌恶型，而不是风险厌恶型的。通常，投资者在面临损失时会表现为风险追求，而在面临收益时则会表现为风险厌恶。第四，投资者面对不同资产的风险态度不是一致的。投资者不能简单地将其视为保守型或冒险型，很多时候可能同时兼具这两种不同的心理特征，比如，购买保险时是保守的，而在购买股票时则是冒险的。第五，市场是非有效的。一方面，市场上各种金融产品的价格并非包含了所有的信息；另一方面，投资者的信念、偏好等也会对其产生影响，且在产品定价以及投资决策方面发挥作用。

2.2 股利理论的历史演进及其述评

西方发达国家对于上市公司股利政策的研究历史较长，但是最初是和证券估价分析联系在一起，没有形成一个专门的研究领域。1961 年，美国两位财务学家米勒和莫迪利亚尼（Modigliani）发表的《股利政策、增长和股票价值》一文，使股利政策一时成为众多学者的研究热点。此后，财务学界对股利政策进行了专门研究，并发表了大量论文，进而形成了股利政策理论研究的两大流派，即基于标准财务学的经典股利理论流派和基于行为财务学的行为股利理论流派。

2.2.1 基于标准财务学的经典股利理论及其述评

基于标准财务学的经典股利政策理论体系的形成始于 20 世纪 60 年代

米勒和莫迪利亚尼所提出的股利无关论。该理论建立在有效市场假说的前提条件下，认为股利政策不会对股东财富和公司价值产生任何影响。但是由于其与现实并不相符，因而使得财务学界纷纷以此为框架，通过逐步放松其严格的假设条件来研究非有效市场下的股利问题，从而形成了税差理论、追随者效应理论、信号传递理论、股利代理理论和股权结构理论等股利理论流派。

1. "一鸟在手" 理论

"一鸟在手" 理论是至今来说流行最广泛、最持久的股利理论，其代表人物主要有威廉斯（Williams，1938），林特纳（1956），沃尔特（Walter，1956），戈登（1959）等。该理论在 1963 年戈登提出股票价格模型时发展到了巅峰。"一鸟在手" 理论认为，由于股票价格波动较大，且投资者一般为风险厌恶型，所以投资者将偏好股利而非资本利得。这主要是因为即便将来可以收到金额较多的资本利得，但是由于要承担较大的风险，所以投资者宁愿现在就收到股利，即便金额较少。因而，如果公司延迟股利支付或降低股利支付率，投资者的风险就会增加，就有可能要求较高的必要报酬率以作为承担额外风险的补偿，从而使得公司股价下降；反之，如果公司提高股利支付率，投资者的风险就会降低，就有可能要求较低的必要报酬率，从而使得公司股价上升。因此，该理论认为，股利政策不仅影响企业价值，而且与其密切相关。该理论的结论主要有：①股票价格与股利支付率成正比；②权益资本成本与股利支付率成反比。因此，该理论主张高股利政策，认为要使企业价值最大化就必须采取高股利支付率的股利政策。

尽管 "一鸟在手" 理论在实践中被广泛采纳，并且流行时间也最久，但它混淆了股利决策和投资决策对股票价格的影响，很难对投资者为什么在收到现金股利后又购买公司新发行股票的现象做出合理的解释。因此巴塔查里亚（Bhattacharya，1979）将其称为 "手中鸟谬误"[65]。

2. MM 股利无关论

MM 股利无关论是米勒和莫迪利亚尼（1961）在《股利政策、增长和股票价值》一文中提出来的。该理论建立在三个严格的假设条件下：①完全资本市场假设。即资本市场上的信息是完全充分的，投资者无须付出任何代价就可获得影响证券价格的任何信息；证券价格不受任何投资者自身交易的影响与操纵；证券的发行与买卖不存在任何交易费用；股利和资本利得之间没有税收差异。②理性行为假设。即所有投资者都追求个人财富最大化，但是对于增加财富的方式没有特别的偏好，无论是通过股利增加财富抑或通过资本利得增加财富都可以。③充分肯定假设。即投资者对公司的未来发展充满了信心，对公司的未来投资机会和盈利完全有把握[66]。基于以上假设，该理论认为，在完善的资本市场条件下，公司价值完全由其投资政策所对应的获利能力所决定，因而，股利政策无关紧要，不会对企业价值或股票价格产生任何影响。该理论的结论主要有：①股票价格与股利政策无关；②权益资本成本与股利政策无关。

MM 股利无关论揭示了有效市场假说前提下的股利政策与公司价值之间的关系。但是由于其前提条件与市场实际相差甚远，因而得出的结论也明显有异于实际情况。尽管这样，MM 股利无关论仍然开创了股利政策理论研究的新河，在这之后的学者及经济学家纷纷以此作为研究框架，通过放松其严格的假设条件来研究基于现实世界的股利问题，因而，该理论也被后来的学者及经济学家视为股利政策理论研究的基石。

3. 税差理论

税差理论，又称所得税率差异理论，1967 年由法勒与塞尔温最先提出，其代表人物主要有法勒和塞尔温（Farrar & Selwyn，1967），埃尔顿和克鲁伯（Elton & Cruber，1970），布伦南（Brennan，1970），利曾伯格和拉马斯瓦米（Litzenberger & Ramaswamy，1980）等。该理论放宽了 MM

股利无关论中的无税收假设条件，认为由于股利所得税率与资本利得所得税率之间存在差异，且前者高于后者，因而支付现金股利不再被公司及投资者视为最优的股利分配政策。因为基于资本利得上的税收优惠，投资者会偏好低股利支付率的股票，所以，公司在制定股利政策时应使税收成本最小化，即采取低股利支付率政策，才能使企业价值最大化。税差理论的结论主要有：①股票价格与股利支付率成反比；②权益资本成本与股利支付率成正比。该理论成立的前提条件是股利所得税率高于资本利得所得税率，投资者可以通过资本利得的延迟实现来延迟缴纳资本利得所得税；反之，如果股利所得税率低于资本利得所得税率或者投资者不需要缴纳税额，则投资者有可能更偏好高股利支付率的股票。

税差理论看起来较具说服力，因为一些国家即使不存在资本利得上的税收优惠，其延迟支付作用也是不容忽视的。但是税收对股利的影响，无论是在理论还是在实证检验中都未能得出最终的结论，其不能有效解释：如果低股利真的很好，那么投资者为什么还要要求公司发放股利，甚至是高股利？公司是否可以通过不发放股利的其他方式，就能让投资者轻松获益？

4. 追随者效应理论

追随者效应理论是对税差理论的进一步发展，又称顾客效应理论。追随者效应理论的代表人物主要有布莱克和斯科尔斯（1974），佩蒂特（1977），谢夫林和斯塔特曼（1984）等。20 世纪 70 年代，人们在思考税差理论存在问题的同时，也开始重新思考不同投资者间的税率等级问题。追随者效应理论认为，由于每个投资者所处的税收等级不同，因此对待股利的态度也不一样。处于边际税率低的股东偏好高股利支付政策，而处于边际税率高的股东则偏好低股利支付政策。因此，公司的任何股利政策都不可能满足所有股东对股利的要求。这意味着，当公司股利政策发生变化时，只会吸引那些喜好该变化的投资者前来购买该公司的股票；而对于那些不喜好该变化的投资者来说，则会远离该股票，甚至原投资者也会纷纷抛售该公司的股票。当市场上发放高股利公司的比例低于喜爱高股利投资者的比例时，发放高股利公司的股票就会供不应求，其股票价格就会上涨；反之，其股票价格就会下跌。只有当两者的比例趋于一致时，市场才会达到均衡，此时，股利政策的改变不会对股票价格产生任何影响。

追随者效应理论使人们认识到公司的任何股利政策都只能满足或迎合某一类投资者的股利需求，因此，公司不必频繁改变其股利政策，除非该股利政策确实无法满足某些特定投资者的股利需求。并且，如果公司已经确定其投资策略，股利支付水平则会变得无关紧要，股利政策只是当它会导致其股东转向别的公司时才显得重要。

5. 信号传递理论

信号传递理论几乎是与追随者效应理论同时发展起来的，又称股利信息内涵假说或信号假说。信号传递理论的代表人物主要有巴塔查里亚（Bhattacharya，1979），约翰和威廉斯（John & Williams，1985），米勒和洛克（Miller & Rock，1985）等。该理论从放松 MM 股利无关论中投资者拥有与管理当局相同的信息假定出发，认为企业外部投资者与管理当局之间存在着信息不对称，股利政策是管理当局向外界传递其掌握的内部信息的一种手段。因为经营业绩好的公司为把自己同经营业绩差的公司区别开来，往往愿意通过相对较高的股利支付率来吸引更多的投资者。而对于经营业绩差的公司来说，要模仿经营业绩好的公司的这种高股利支付率政策，其代价是相当高昂的。因为如果要支付高股利，就必须承担额外的成本以从外部筹集资金。因此，对于投资者来说，股利政策的差异被视为反映公司经营业绩好坏及未来盈利能力的极有价值的信号，从而对股票价格产生影响。如果公司股利支付率较稳定，那么投资者就会对公司的经营业绩及未来盈利能力抱有较为乐观的预期，公司股价就相应上升；相反，如果公司股利支付率下降，投资者则会认为公司经营业绩及未来盈利能力下降，公司股价也就随之下降。

信号传递理论研究虽然取得了突破性进展，但也并非完美，其很难有效地对不同国家、不同行业的股利政策差别进行解释与预测，比如，美英上市公司的股利支付率普遍高于日德上市公司，但是美英上市公司为什么并没有表现出更强的盈利性？还有，许多高速成长的企业或行业，虽然其股利支付率一般都不高，但是其优良的业绩和较高的盈利能力却是毋庸置疑的，如果按照信号传递理论则会做出相反的解释。

6. 股利代理理论

股利代理理论的代表人物主要有詹森和梅克林（Jensen & Meckling，1976），卡莱（Kalay，1982），罗泽夫（Rozeff，1982），伊斯特布鲁克（Easterbrook，1984），艾伦、贝尔纳多和韦尔奇（Allen，Bernardo & Welch，2000）等。该理论放松了管理者与股东利益完全一致的假定，认为两者存在利益冲突，而高股利政策有助于缓和两者间的代理冲突，并能有效降低代理成本。首先，股利支付减少了管理者因过度投资而浪费资源的倾向，并且股利支付带来的企业自由现金流量的减少，使管理者失去了可用于谋取自身利益的资金来源，因而有助于企业资源的优化配置以及企业价值的提高；其次，股利支付使得企业内部资金减少，而为了满足投资需要，企业必须进入资本市场筹集外部资金，这就意味着公司将接受更多的来自资本市场的有效监督和检查，因而有助于有效降低代理成本，而股利支付也因此成为一种间接约束管理者的监管机制。尽管外部筹资成本很昂贵，现金股利也可能要征收重税，但是其大大降低了代理成本，增加了股东利益[19]，所以最佳的股利政策应使两种成本之和最小。

以往的股利政策理论只能单方面解释公司为什么发放股利或者从外部筹集资金，而股利代理理论能够很好地解释公司为什么在发放股利的同时，还要从外部筹集资金，其根本原因在于公司需要利用来自外部资本市场的监督以降低代理成本。因此，如果公司能够不断接受来自外部市场的监督，那么股利发放与否就变得可有可无。这也从另一个角度解释了成长型公司少发放甚至不发放股利的原因，因为其经常活跃于资本市场，所以无须通过发放股利来降低代理成本。但是股利代理理论也并非完美，诚如伊斯特布鲁克（1984）所言，该理论很难获得直接或间接的经验数据进行实证测试[67]。同时，该理论主要探讨了管理者与股东之间的代理问题，假定股东之间的利益是一致的，因而忽略了公司的大股东特别是控股股东与中小股东在包括股利政策在内的事项上的利益不一致，也就是说忽视了现实中大股东与中小股东之间的代理问题，因而其分析是不完整的。

7. 股权结构理论

股权结构理论的代表人物主要有詹森和梅金（Jensen & Mecking，1976），格雷厄姆（Graham，1985）等。该理论主要以信息经济学为基础，利用信号传递理论来解释公司股权结构对股利政策的影响。该理论认为，信息不对称程度较低的股权集中型公司对股利传递信息的要求程度较低，倾向于采用低股利政策；而股权结构分散，所有权与经营控制权分离程度高的公司对股利传递信息的要求程度较高，倾向于采用高股利政策。因为对于股权集中型公司，特别是股东与管理者高度统一的家族企业，以及治理结构受银行和产业集团控制的大型公司，其决策者较为集中且各决策者之间信息传递速度较快且可信（Graham，1985）[68]，因而对股利传递信息的要求较低，股利发放也相应较少。而随着公司股权结构的分散，管理者拥有的公司股票比例将逐渐降低，其在公司盈利中享有的股利也随之降低，而通过过度投资从公司闲置现金流量中谋取私利的动机则相应增强；同时，由于公司股权结构的分散，有监督管理者经营行为动机的股东逐渐减少，而股东与管理者之间的代理成本则相应增加，此时，股东需要公司以支付股利的方式来传递管理者行为信息的程度较高，股利发放也相应较多。

股权结构理论能够很好地解释股权集中，且主要依靠银行融资的日本、韩国、德国等国家的公司为什么倾向于低股利政策，而股权结构分散，且完全依靠资本市场融资的英国、美国、加拿大等国家的公司为什么倾向于高股利政策。另外，股权结构理论还可以根据公司股东数量的多少来解释不同所有制公司间股利政策的差异。股权结构理论是当前较具说服力的股利理论之一，但是有关该理论的实证研究目前还较少。

8. 小结

基于标准财务学的经典股利理论体系的形成始于 20 世纪 60 年代 MM 股利无关论的提出，其发展大致经历了两个阶段，主要是为了争论或回答以下两个基本问题。

（1）20 世纪 70 年代以前，主要围绕股利政策是否会影响公司股价展开激烈争论。其中："一鸟在手"理论主张高股利政策，认为股利支付越多，公司股价就会越高，公司价值也就越大；股利无关论认为股利政策无关紧要，不会对公司价值或股票价格产生任何影响；税差理论支持低股利政策，认为由于税赋差别的存在，因而采取低股利支付率政策，才能使公司价值或股票价格最大化。

（2）20 世纪 70 年代以后，股利相关论已经得到普遍认同，因此转而研究股利政策为什么会对公司股价产生影响，以及怎样影响等方面。其中：追随者效应理论认为，由于每个投资者所处的税收等级不同，因此对待股利的态度也不一样，公司的任何股利政策都只能满足或迎合某一类投资者的股利需求；信号传递理论认为，股利政策的差异被视为反映公司经营业绩好坏及未来盈利能力的极有价值的信号，因而会对公司股价产生不同的影响；股利代理理论认为，股利支付能够有效地降低代理成本，增加股东利益，因而主张高股利政策；股权结构理论认为，信息不对称程度较低的股权集中型公司对股利传递信息的要求程度较低，倾向于采用低股利政策，而股权结构分散，所有权与经营控制权分离程度高的公司对股利传递信息的要求程度较高，倾向于采用高股利政策。

纵观经典股利理论可以发现，从股利无关论到股利相关论，财务学家几乎已经放松 MM 股利无关论的大部分假设，如税收、信息不对称、代理成本等，却并没有放松"理性人"这个假设，即忽视了对市场参与者心理偏差与行为动机的研究，认为人们的决策是建立在理性、风险回避、效用函数最大化以及根据环境或情况的变化不断更新自己的决策知识等假设的基础上。其中，"一鸟在手"理论尽管考虑到了人们对于不确定性的风险厌恶心理，对股利研究提出了新思路，但是没能从微观个体的行为以及更深层次心理和社会动机来解释；而股利代理理论虽然认为资本市场是对管理层最好的监督者，但是没能从心理学、行为学的角度对管理者的非理性行为进行解释，而是将其作为公司的代理问题来研究。

2.2.2 基于行为财务学的行为股利理论及其述评

随着人们对市场有效性及投资者理性的质疑的加深，以及行为财务学的兴起，人们开始从行为财务的视角关注公司的股利决策行为，从而形成了基于行为财务学的行为股利理论。其中具有代表性的观点有：理性预期理论、后悔厌恶理论、自我控制理论、心理账户理论、习惯行为理论和股利迎合理论等。

1. 理性预期理论

理性预期概念最初是由米勒和莫迪利亚尼的同事穆特（Muth，1961）提出来的，1987 年米勒将其用于分析股利之谜。该理论认为，投资者对公司股利政策的反应主要取决于投资者的心理预期。如果公司宣布的股利政策与其存在差异，股票价格很可能会因此发生变化。这主要是因为，在临近公司宣布股利时，投资者通常会根据公司内外部因素对其股利支付水平及方式做出种种预测。其中：内部因素包括公司以往的股利支付水平及方式、当期及预期盈利能力或水平、公司的投融资机会与计划等；而外部因素则包括宏观经济环境、政府政策可能变动、行业景气程度等。而当公司真正宣布股利时，投资者会将实际的同其预期的进行比较。如果两者基本一致，公司股价不会发生变化；否则，投资者就会对公司及其股票价值进行重新估计，并将预期之外的股利变动作为预测公司未来盈利能力或水平变动的重要依据，由此使得股票价格发生变动。

理性预期理论不同于信号传递理论，后者主要着眼于股利的信息传递功能的研究，认为股利可以分为常规和超额两个部分，且两个部分能够传递各自不同的信息。而理性预期理论则主要着眼于投资者心理预期的研究，它能够很好地解释公司股利政策的某些异常现象，如在上市公司股利分配公告中，削减股利为什么比增加股利更能引起市场的强烈反应？投资者对公司股利政策的反应为什么更取决于投资者的心理预期？

2. 后悔厌恶理论

后悔厌恶理论由塞勒（1980）最先提出，之后经过卢梅斯和萨格登（Loomes & Sugden，1982）、卡尼曼和特韦尔斯基（1982）等的发展而逐渐形成。该理论认为，在不确定条件下决策时，投资者会将现在的情况和过去曾经遇到的类似但决策不同的情况进行比较，如果所做的决策劣于其他决策或者没能达到预期效果时，就会产生后悔和遗憾的感觉；相反，如果所做的决策优于其他决策或者为其带来了更好的结果，就会产生欣喜的感觉。由于欣喜的感觉不如后悔强烈，因而投资者为了避免后悔的痛苦就不愿意进行抉择，特别是对他们自认为必须承担责任的事项进行抉择。后悔厌恶理论主要包括三个定理：①非胁迫情形下决策所引起的后悔比胁迫情形下的要强烈；②错误决策引起的后悔比没有做决策引起的后悔要强烈；③需对决策结果承担责任情形下引起的后悔比无须承担责任情形下的要强烈。

由于后悔厌恶心理的存在，投资者不愿意通过出售股票的方式来"自制股利"。因为后悔总是与决策应该承担的责任联系在一起的，如果投资者接受公司派发的股利就不需要决策，也就不需要承担决策的责任，那么后悔的可能性就会减少。同时，遗憾也是如此，也是与决策应该承担的责任相联系的，并且责任主要来自选择。等待分红是一种不必选择的抉择，遗憾自然会较少；而出售股票是一项重大抉择，遗憾自然会更为强烈。因此，为使后悔最小化，投资者偏好红利而不是卖出股票来获得消费的资金。

3. 自我控制理论

自我控制理论认为，即使不存在税收和交易成本，股利收入和资本利得也是不可能完全替代的。这主要是因为，由于受到情绪、情感、信念、偏好等心理因素的影响，人类行为不可能完全理性，因此即使他们知晓某些事情的利弊，仍然还是难以自我控制，如酒后驾车、吸烟等。对于大部分投资者来说，他们一方面对将来有着长远规划或长期目标，另一方面又抵挡不住各种诱惑，渴望实现眼前需要。因而，这种内在冲突要求他们能够通过自我控制以对当前的短期行为进行约束或修正，进而符合长期发展需要。实现自我控制的途径主要有两种：一是自身坚强的意志力；二是外在规则。由于投资者普遍缺乏这种坚强的意志力，因此他们往往寻求第二种途径以实现自我控制，即借助外在规则以约束或修正其短期行为[69]。

对于嗜酒如命的人来说，"不沾一滴酒"是一种很好的自我控制标准。同样，对于消费欲望强烈的投资者来说，"只消费股利，绝不动用资本利得"也是一种很好的自我控制标准。投资者将预备用于未来之需的资金购买股票，并规定只用收到的股利来提供当前消费所需。这种规则将大大降低对意志力的要求，从而减少可能由于意志薄弱而带来的损失。同时，相对较高的交易费用以及经常出售小额股票的不便利，在一定程度上能阻止原始资本的变现，限制当前消费所能动用的资金，所以，股利政策实际上为投资者提供了一种外在的约束机制。

4. 心理账户理论

心理账户理论（Thaler，1985）认为，投资者根据资金来源、所在及用途等对资金进行分类，并将其划入不同的账户，每个账户可能对应不同的用途，如有的用于教育，有的用于医疗、保险等。对于不同的账户，投资者的风险偏好是不同的[70]。对于追求升值的心理账户，投资者表现为低风险厌恶，甚至是风险寻求；而对于追求保值的心理账户，投资者则表现为高风险厌恶。传统的经济理论假设资金是"可替代的"，即所有的资金都是等价的。但在现实经济生活中，人们经常会错误地低估一些资金的价值，并且倾向于更轻率地使用这些资金，如博彩所得的意外之财、意外的遗产或赠予等。对于投资者而言，由于股利收入和资本利得分属两个不同的心理账户，因此对待两者的风险态度是不同的。通常，投资者会认为股利收入是真正的"所得"，是用于日常基本开支的；而资本利得却是"意外之财"，它会因为公司股价的波动而不断波动，要实现资本利得具有很大的不确定性。因而无论公司盈亏情况如何，投资者都会要求公司支付股利，因为他们认为股价下跌是"资本账户"的损失，公司取消分红则是"红利账户"的损失，并且将现金红利看作保证安全的一项收入。当资本利得较低时，投资者可以从股利收入中寻找安慰；当资本利得较高时，投资者可以随意选择股利收入和资本利得。

心理账户理论可以对股利之谜作出一定的解释，如为什么股东常常要求甚至迫使公司分红，为什么股东对公司暂停支付股利的反应如此强烈，以及大多数公司为什么要支付股利等。

5. 习惯行为理论

习惯主要分为定式习惯（ritualized habit）和常规习惯（routine habit）两种，而习惯行为则是指人们基于以往经验的一种非随机行为[4]。习惯行为理论认为，相较理性经济行为，习惯行为更能体现社会、经济、文化等各方面综合因素的影响，一些公司之所以持续发放股利以及投资者要求公司持续发放股利，都是因为难以改变长期以来所形成的习惯所致，因此，区分习惯以及关注习惯行为是分析公司股利决策行为的一种有效方式。

6. 股利迎合理论

基于市场时机理论，贝克和沃格勒（2002）通过放松 MM 股利无关论的有效市场假定，构建了股利迎合理论。他们认为，投资者通常根据公司是否支付现金股利将其分成两类，即支付现金股利的公司和不支付现金股利的公司。投资者对这两类公司的兴趣会因为其股利政策偏好的变化而变化，并对这两类公司的股价产生相应的影响。而公司管理者通常会迎合投资者的股利偏好，制定相应的股利政策，迎合的最终目的在于获得股利溢价[17]。而为进一步研究股利溢价或股利折价所引起的股利支付倾向，贝克和沃格勒（2003）设计了计算股利溢价的四种方式，其中应用最广泛的是发放现金股利的公司与不发放现金股利的公司的平均市值账面比（M/B）之差，并且利用美国 1962—2000 年的数据对其进行了实证检验，结果表明所有结论都支持股利与股票价格高度相关，即当股利溢价为正时，管理者倾向于支付股利，一些不发放现金股利的公司开始发放现金股利，以前发放股利的公司则继续发放现金股利；反之，当股利溢价为负，即出现股利折价时，管理者将不愿意支付股利，一些以前发放股利的公司开始不发放现金股利。因此，股利迎合理论的最主要的预期是，股利的支付情况依赖于由于支付股利造成的股利溢价的程度。并且，如果管理者补贴收入与公司股票价格相关，那么管理者更有可能取悦投资者，利用股利溢价机会改变股利政策[18]。

股利迎合理论主要包含三个基本要素．①由于心理或者制度原因，一些投资者对于公司的股利政策需求会随着时间而变化；②这种需求把支付股利和不支付股利的股票价格区分开来，有限的套利不能阻止股利溢价；③管理者是理性的，能够权衡当前股票被错误定价所带来的短期收益与长期运行成本之间的利弊，从而迎合投资者所好制定相应的股利政策，以获得股利溢价[4]。股利迎合理论主要集中研究投资者对股利的需求，考虑了投资者对股利的需求受到情绪影响的可能性，认为现实中的投资者对股利的需求确实会受到情绪的影响，并且管理者的竞争和理性的套利者不能消除出现的股利溢价或者折价。因而，股利迎合理论认为，管理者派发股利的倾向主要依赖于投资者不断变化的股利需求所导致的股利溢价。相较其他股利政策理论而言，股利迎合理论能够更好地解释公司股利政策为什么随时间而变化。

7. 小结

行为股利理论认为，人们在面临股利政策时并不都是理性的，而是会受到诸如情绪、感情等因素的影响，因而主要从微观个体行为以及产生该行为的心理、社会等动机方面来研究和解释公司股利现象。其中：理性预期理论认为，投资者对公司的股利分配政策存在着一个心理预期，如果公司宣布的股利政策与其存在差异，股票价格很可能会发生变化。后悔厌恶理论认为，投资者卖出股票以获取即期收入所导致的后悔要大于消费股利收入所造成的影响，且随之而来的股票价格上涨更加剧了投资者的后悔程度，所以投资者偏好现金股利。自我控制理论认为，投资者之所以偏好现金股利，是因为现金股利可以使投资者克服自我控制问题，规定其只用收到的股利来提供当前消费所需，从而减少可能由于意志薄弱而带来的损失。心理账户理论认为，由于股利收入和资本利得分属不同的心理账户，投资者的风险态度存在差异，认为红利是真正的"所得"，而资本利得却是"意外之财"，所以投资者要求公司无论盈亏都要向其分红。股利迎合理论认为，投资者对于公司的股利政策需求会随着时间而变化，因此，理性的管理者会迎合投资者所好制定相应的股利政策，以获得股票溢价。

纵观行为股利理论，我们可以发现，早期的行为股利理论，如理性预期理论、后悔厌恶理论、自我控制理论、心理账户理论等，主要以投资者的实际决策心理为出发点，研究投资者的投资决策行为规律及其对公司股利政策的影响，因而较之经典股利理论，更加接近金融市场的实际情况。但是，美中不足的是，早期的行为股利理论都基本停留在对股利行为的描述性的解说上，并且侧重于从投资者的某一单一的心理与行为特征来研究与考察问题，缺乏全面综合的考虑，同时，较少涉及外部决策环境和股利决定之间的动态关系。近年来，贝克和沃格勒（2002）提出的股利迎合理论，弥补了早期行为股利理论的诸多不足，一是突破了对股利行为的描述性解说的局限，构建了股利迎合理论模型，并对其进行了相关的实证检验；二是考虑了投资者的股利政策需求随着时间而变化的特征，着眼于研究投资者股利需求与公司股利决策之间的动态关系，因而相较其他行为股利理论而言，能够更好地解释公司股利政策为什么随时间而变化，从而为股利政策研究开创了新的方向。

2.3　行为股利理论对经典股利理论的创新

2.3.1　范式转换

范式（paradiagm）一词，来自希腊语的"paradeigma"，意义为"模型或模式"[78]。亚当·斯密将范式定义为一组共同认定的假设，他认为范式是人们感知世界的方法，可以解释和预测各种客观现象和行为。

经典股利理论建立在标准财务学基础之上，承袭了标准财务学关于投资者理性、市场完善以及投资者追求效用最大化等理论假设前提，因而其研究范式与标准财务学的"理性范式"一脉相承，即以"理性"作为最基本的分析框架，以理性的"经济人"作为最基本的前提假设，并且，该"理性范式"贯穿所有经典股利理论始终①。

相较经典股利理论，行为股利理论更为关注人们理性和理智之外的其他因素，如情感、意志、信念、性格等对其股利偏好和决策的影响，并且试图以一种新的以人为中心的"行为范式"来替代经典股利理论的机械式的"理性范式"。一方面，行为股利理论放松了经典股利理论的"理性人"假设，以非理性或有限理性的行为人取代了完全理性的经济人，并以行为过程中寻求满意方案代替寻求最优方案；另一方面，行为股利理论放松了经典股利理论的有效市场假设，认为市场参与者的各种心理与行为偏差，使得其行为不一定符合市场规律的要求，从而导致"看不见的手"的作用不能有效发挥，即市场失灵。因此，较之经典股利理论的"理性范式"假定，行为股利理论的"行为范式"假定更加贴近和符合金融市场以及投资者的实际情况。

2.3.2 方法变革

行为股利研究的兴起和发展与其在方法上的变革是分不开的。

由于各种不完美因素对公司会有不同程度的影响，因而，不同公司之间的股利政策相应会有很大的区别。而在运用行为科学解释股利政策之前，经典股利理论基本上都忽视了心理、行为和社会经济学对管理者和投资者行为的影响，所以这些因素被排斥于股利模型之外，也因此严重限制了其在公司行为和决策中的应用。正如法兰克福特所说，"我们不可能用数学模型套用所有时候的决策行为……"而行为股利理论克服了经典股利理论这方面的不足，具体来说，行为股利理论在借鉴心理学、社会学研究成果的基础上，总结出了投资者行为心理决策中的一些特点，如自我控

---

① 从股利无关论到股利相关论，经典股利理论通过逐步放宽 MM 理论的严格假设条件，如税收、信息不对称、代理成本等来研究现实不完全市场中的股利问题，但却一直没有放松"理性人"这个假设。

制、理性预期、心理账户、后悔厌恶、过度自信等，并将其作为心理变量，对经典股利理论及模型进行修正、调整和补充，以解释与传统理性决策理论相悖的地方，也由此完善了股利政策的研究方法。

此外，较之经典股利理论，行为股利理论更多地借鉴与引进心理学、社会学的一些重要研究方法，如实验法、观察法、调查法等，形成了一套独有方法体系。其中：实验法，是指对所研究的对象有意识地加以调节控制，设定某些不变条件得到其他因素之间因果关系的方法；观察法，是指在自然场景中对活动主体的心理和行为的外部现象进行系统的观察和记录，通过分析和研究以期获得其本质和发展规律的方法；调查法，是指就某一问题要求被调查者回答他的想法或做法，从而以此来分析、推测被调查者心理和行为倾向的研究方法[71]。

简言之，行为股利研究方法的变革，将被经典股利理论抽象掉的有血有肉的人性重新回复到股利政策研究当中，不同于经典股利理论中一切模型和推导均来自于数学逻辑抽象的结果，行为股利理论也因之更加逼近资本市场实际。

第3章 行为股利研究的理论基础

要深化对行为股利研究的理解，并强化对现实股利政策的解释能力，很有必要夯实它的理论基础。

3.1 行为股利研究的经济学基础

3.1.1 新制度经济学

新制度经济学的重要分支之一就是企业契约论，它不再把企业视为一个抽象或简化了的"黑箱"或"生产函数"，而是由各个利益相关者特别是产权主体通过各种契约（明示或隐含的）联结而成的，进行"团队生产"并创造"组织租金"的集合体；它也不再把企业的制度视为外生的，而是其利益相关者出于维护自身权益而内生地形成的。

具体到公司的股利政策，原来往往被视为企业投融资决策的工具或附属品，即内部留存收益首先服从与服务于公司的投融资需要，之后才考虑股利分配问题。也就是说，企业管理者进行股利决策时，并未把股东的意愿作为显性而重要的决策内容，而视之为附属性或补充性的内容。而从企业契约论的观点看，股利政策是在公司治理结构中制定的，一般是由董事会提出方案，经股东大会审议批准后才能正式形成，因此，管理者制定股利政策时需在不同程度上考虑或迎合股东对股利政策的需求。当然这种迎合的结构（迎合谁）与程度（重视程度及其差异）取决于制度环境、公司治理结构及各类股东对股利政策制定过程的影响力大小。

可见，新制度经济学中的企业契约论是行为股利研究中的"股利迎合理论"的经济学基础，这主要是因为管理者往往会在不同程度上考虑投资者（股东）对股利的偏好，并在此基础上据以决策股利分配的形式（现金或非现金形式）及其幅度。

3.1.2　信息经济学

信息经济学将经济社会中的当事人关于信息传递、交流的行为以及这些信息行为的相互作用作为研究对象。根据信息经济学的观点，资源的配置过程同时也是经济信息的交流过程[72]，因而信息成为影响人们的交易及其他行为的重要因素。

信息经济学对股利政策研究的影响，不仅反映在经典股利政策理论中的"信号传递理论"方面，而且对于行为股利政策的研究也有着多方面的影响或应用。

首先，信息的不完全会造成不确定性与风险。对此，冯·诺伊曼与摩根斯特恩创立了经典的"预期效用理论"，即在不确定的条件下，决策者会以期望效用为目标进行最优化的决策。决策的选择受到两个方面的影响：一是概率分布，二是效用函数。概率分布反映了收益的不确定性，而效用函数则反映了决策者对待风险的态度。具体到股利政策上，投资者对管理层所制定的股利政策的反应不仅是对它本身的，也是由于他们事先对它有某种预期，然后根据宣布的股利政策与预期进行比较并重新估计公司及其股票的价值，据以作出买或卖的决策。由于预期总是面向未来的，限于信息的供给，其理性必然是有限的。

其次，信息本身是人类在不确定性环境中须由经济组织供应的最基本的商品[73]，因而，信息的获取、加工与利用需要支付正的（不为零）费用或代价。这意味着，即便资本市场上有足够多的信息，投资者也难以或懒于获取收集、加工处理与利用它，因而，往往会根据过去的经验、习惯，甚或基于此而形成的感觉作出相应的决策，这也是行为股利研究中"习惯行为理论"的经济学基础，即投资者对公司发放股利的持续性、形式或比例等方面的要求，以及对此所作出的反应，都是基于长期形成的习惯所致，而非理性分析的结果。

最后，真实信息的交流问题，特别是其中的信息不对称问题，会导致两类欺诈问题——逆向选择与道德风险，这也成为信息经济学的主要研究领域。

阿克洛夫（Akerlof，1970）的研究指出，在产品市场上，出售者对产品与质量信息的隐藏将会导致逆向选择，即质量差的产品将质量好的产品驱逐出市场，并最终导致市场的消亡[74]。在资本市场上，股利政策其实也可视为管理者提供给投资者的一种产品，由于他们之间同样存在对股利政策的"质量"信息——对公司发展的影响状况上的不对称态势，而投资者对这种质量信息并不清楚，因而也可能导致逆向选择问题，即真正能反映公司发展状况的股利政策，反而被信息混沌的股利政策驱逐出去，资本市场上充斥着信息混沌的股利政策。特别是在投机性程度较高、股利政策随意性较大的资本市场上更是如此，因为这样更有利于炒作，更有利于"混水摸鱼"。

道德风险问题是信息不对称条件下的另一类重要的欺诈问题。温特（Winter，1964）指出，企业管理者的目标也许并不与企业的利润最大化目标一致。企业利润下降的真实原因，也许是其管理者根本就没有把追求利润作为他们真正的努力目标，因而，对于所有者或股东而言，这些管理者是疏忽职守、没有尽其职责的，且其行为也是违背职业道德的[75]。委托代理理论就是分析道德风险的一个经典模型。具体到股利政策上，如果公司治理结构失衡，股东之间缺乏公平合理的制衡机制，或股东对管理者缺乏有效的制衡，都可能导致管理者在制定包括股利政策在内的决策时偏离"股东财富最大化"或"企业价值最大化"的财务目标。比如，有意制定信号模糊、含混、随意性较高的股利政策；或者利用投资者的"股票股利幻觉"迎合其需要，却并非真正维护其利益；或者出于一己私利而盲目扩大投资规模，但是却不恰当地削减股利等。

3.1.3　博弈论

博弈论，又称对策论，是研究在状态相互依存的条件下，参与者如何进行策略选择的理论。一个完整的博弈应当包括以下基本要素：一是博弈参与者，也叫博弈方，是指博弈中能够独立决策并承担决策结果的个人或组织，有时自然也可以成为博弈方；二是策略空间，又叫策略集，是指各博弈参与者可选择策略的集合；三是博弈信息，即博弈参与者所掌握的对选择策略有帮助的情报资料，博弈中最重要的信息莫过于对手的策略或各博弈参与者得益的信息；四是博弈的次序，即博弈参与者作出策略选择的先后顺序，即便是相同的博弈参与者、相同的策略集，由于博弈次序的不同，也会使得博弈结果有所不同；五是博弈参与者的得益，即各博弈参与者作出决策选择后的所得和所失。

根据博弈各方之间是否达成一个具有约束力的协议，博弈可分为合作博弈和非合作博弈两种。达成协议的，就是合作博弈；反之，就是非合作博弈。其中，合作博弈，又称正和博弈，是指博弈各方的利益都有所增加，或者至少是一方的利益增加，而其他各方的利益不受损害，因而整个社会的利益会有所增加。合作博弈采取的是一种合作的方式，或者说是一种妥协方式。通过这种关系或方式，能够产生一种合作剩余。这种剩余能够增进博弈各方的利益以及整个社会的利益。至于合作剩余在博弈各方之间如何分配，取决于博弈各方的力量对比和技巧运用。因此，妥协必须经过博弈各方首先的讨价还价，然后达成共识，最后进行合作来完成。在这里，合作剩余的分配既是妥协的结果，也是达成妥协的条件。而非合作博弈，又称对抗性博弈，包括负和博弈及零和博弈两种，是指一种参与者不可能达成具有约束力的协议的博弈。在负和博弈中，博弈各方冲突和争斗的结果是所得小于所失，即通常所说的两败俱伤；而在零和博弈中，博弈的结果是一方吃掉另一方，一方的所得正是另一方的所失，整个社会的利益不变。

在博弈论中，人类的所有活动，只要是互动行为，均可以看成是博弈行动。由于投资者是股利政策的需求者，管理者是其供给者，因而在股利政策上形成一种博弈关系或博弈行动。如果股东与管理者之间，中小股东与控股股东之间的关系较为"和谐""公正"与"公平"，那么其关系可称为一种合作博弈；相反，若他们之间的（代理）问题较为严重，则形成一种对抗性的博弈关系，这不仅体现在股利政策制定过程中的辩论、审议及最终的"用手投票"过程上，也体现在股利政策制定后，在资本市场上买或卖"用脚投票"的行为上。股东与管理者之间的博弈力量对比，主要取决于股权结构与性质、股权的集中度、公司治理结构的合理性、经理市场的成熟程度、公司法等制度等。而中小股东与控股股东之间的博弈力量对比，则取决于控股股东的性质、股权结构及其集中度、法律制度对中小股东的保护程度、公司治理结构特别是股东会的运行规则等。公司的股利政策就是在它们之间的博弈过程中形成的，该过程也是它们意愿、动机与行为的综合反映。

3.2　行为股利研究的财务学基础

股利政策是公司财务管理的基本内容之一，是公司在利润再投资与回报投资者两者之间的一种权衡，因而行为股利研究也会涉及相关的财务学基础。

3.2.1 财务目标理论

财务目标，又称财务管理目标或理财目标，是指在特定的环境和条件下，企业通过财务管理活动所期望达到或追求的境界或目的。财务目标是财务管理理论框架的逻辑起点，也是财务管理工作的出发点和归宿[76]。

国内外关于公司财务目标的理论有很多，最具代表性的主要有："企业（公司）利润最大化""股东财富最大化""企业（公司）价值最大化"与"相关者整体利益最大化"[77]。其中，"企业利润最大化"与"企业价值最大化"都是从公司的价值创造方面来论述的观点，但是相较而言，后者比前者更能体现全面性与长期性，因为公司的价值，如无形资产等，并不一定都体现为现实的利润，对公司制企业而言更是如此。"股东财富最大化"与"相关者整体利益最大化"则都是从公司价值或财富的分配角度来论述的，相对而言，后者比前者更具全面性与系统性，因为公司作为多个利益相关者通过各种契约联结而成的网络化整体，并不能只顾及股东的利益。

然而，立足于股利政策的制定与分配以及行为股利研究，以上目标则以"相关者整体利益最大化"作为公司财务目标更为适宜，其原因主要有：一是该目标属于公司价值分配范畴；二是尽管"相关者整体利益最大化"与"企业价值最大化"不尽相同，但是分配蛋糕不仅是做完一次蛋糕之后的附属性事务，而且会在相当程度上影响下一次做蛋糕的效率，也就是说"公平"是"效率"的前提与保证①，因而以"相关者整体利益最大化"作为公司财务目标更为适宜。

---

① 按照亚当斯的公平理论，特定主体只有在其收入支出比例与可比较的他人的大致相等时才会感到公平，才会有激励效果。因此，对于投资者而言，公平就意味着"风险与收益均衡原则"的大致实现。

3.2.2　财权流理论

随着现代企业理论对产权研究的日益深入，财权已经构成了现代财务理论的核心概念，并在现代财务理论体系中起着基础性作用[78]。较早提出财权概念的是汤谷良（1994）教授，他认为，"财权是由原始产权派生而又独立于原始产权的一种财产权，这种财产权与法人制度的结合，即构成法人主体的财权"[79]。该概念主要从法学与经济学角度对其进行了诠释，揭示了财权与产权之间的基本关系。但是真正把财权作为财务学中的独立概念提出的应是伍中信（1999）教授，他认为，"财权表现为某一主体对财力所拥有的支配权，包括收益权、投资权、筹资权、财务决策权等权能……所谓财权，是一种'财力'以及与之相伴随的'权力'的结合，即'财权'='财力'+相应的'权力'。这里的'财力'表现为一种价值，是企业的财务资金或本金，而相应的'权力'便是支配这一'财力'的所具有的权能"[80]。在此基础上，他构建了揭示企业财务本质的"财权流"理论。该理论认为，与财力相伴随的"权力"的流动过程，实质上就是处理权力双方"财务关系"的过程，因此，财权流表现为"财流"和"权流"两个方面，即财权流=财力流+相应的权力流[81]。

股利政策作为公司财务决策的一个重要方面，是公司财务成果在留存公司投资或他用与回报股东之间进行的分配，属于公司或企业这一财务主体对财力所拥有的众多支配权中的收益分配权。由于企业财务成果是企业财权运用的结果，因而，企业财务成果分配（包含股利分配）就是将财权运用的结果在各利益主体之间进行分配的过程，也就是财权的分配过程[82]。同时，由于"财权"="财力"+相应的"权力"，所以企业财务成果分配（包含股利分配）的过程，即财权的分配过程，一方面是企业财力资源重新配置的过程，另一方面也是权力重新配置的过程，即伴随着企业财力的流动，权力也随之流动。这主要是因为公司财务成果的分配

（包含股利分配）既是前一次财力资源配置的终点，又是下一次财力资源配置的起点，因此，公司财务成果分配（包含股利分配）的公平或效率与否，将在一定程度上决定或影响公司下一次与财力资源相对应的权力的重新配置①。可见，"财权流"理论中这种"价值"与"权力"的完美结合，充分揭示了财务成果分配（包含股利分配）过程中，隐藏在"价值"流背后，对应"权力"的流动，也因而为我们更好地理解与研究公司股利政策提供了理论基础。

3.2.3　财务治理理论

　　财务治理理论是制度财务学与公司治理交叉发展的产物，国内学术界对于财务治理的定义并无很大分歧，都认为财务治理是以财权合理配置为核心的一系列制度安排，主要考察构成财务利益主体之间的权、责、利的划分，以及采用什么手段实现相互间的制衡[82]。其中，代表性的理论观点主要有：杨淑娥、金帆（2002）认为，公司财务治理是通过财权在利益相关者之间的不同配置，从而调整利益相关者在财务体制中的地位，提高公司治理效率的一系列动态制度安排[83]。衣龙新（2002）参照公司治理的划分，将财务治理分为"狭义"的财务治理和"广义"的财务治理。"狭义"的财务治理，一般指财务内部治理，尤其是指财务治理结构，是由企业股东大会、董事会、经理层、监事会等权力机构对企业财务权利进行配置的一系列制度安排；"广义"的财务治理是指用以协调企业与其利益相关者之间财务关系、平衡财务权利的一套正式、非正式的制度或机制[84]。张敦力（2003）认为，财务治理是界定与协调各利益主体在财权流动和分割中所处的地位和作用，最终实现各主体在财权上相互约束、相互制衡的关系，促使企业提高资源配置效率和效果的公司治理[85]。衣龙

---

　　① 这也为股利政策的制定与分配以及行为股利研究中，以"相关者整体利益最大化"作为公司财务目标更为适宜的观点（见3.2.1节）提供了有力的佐证。

新、何武强（2003）认为，财务治理就是基于财务资本结构等制度安排，对企业财权进行合理配置，在强调以股东为中心的利益相关者共同治理的前提下，形成有效的财务激励约束机制，实现公司财务决策科学化等一系列制度、机制、行为的安排、设计和规范[86]。伍中信（2005）以"财权流"理论为基础进一步地整合了以财权配置为核心的现代财务治理理论体系。他认为，财务理论研究有两条基本的逻辑主线，一条是权利（力）层面上的"公司治理—财务治理—财务关系—财权流"，另一条是价值层面上的"公司管理—财务管理—财务活动—本金流"，因此，财务治理是企业治理的核心和重要组成部分，企业财务治理结构是内含于企业治理结构中的一个关于企业财权配置的制度安排，是以财权为基本纽带、以融资结构为基础，在股东为中心的共同治理理念的指导下，通过财权的合理配置，形成有效的财务激励与约束机制，实现相关者利益最大化和企业决策科学化的一套制度安排[87]。

按照各国包括《中华人民共和国公司法》（以下简称《公司法》）的规定，股利政策一般是由公司董事会提出议案，经股东大会表决通过后才能形成决议生效的。因而，作为财务决策的重要方面与内容——公司股利政策是在公司财务治理结构及其运作过程中形成的，所以公司股利政策在实质上与其说是"财务管理"的内容，不如说是"财务治理"的内容。同时，企业财务成果分配（包含股利分配）的过程，既是前一次财权配置的终点，又是下一次财权配置的起点，因此，公司股利政策的理性与否，一方面取决于公司财务治理的效率与效果，另一方面也会反过来作用于公司财务治理，影响公司财务治理的效率与效果。因此，以财权合理配置为核心构建的财务治理理论，为公司股利政策的制定与分配以及行为股利研究提供了较有针对性的理论基础。

3.3 行为股利研究的心理学基础

行为股利研究的基本对象之一就是股利政策参与者或相关者的心理因素，因此，其自然离不开相关心理学及其研究成果的支持。以下择其较具代表性的进行论述。

3.3.1 过度自信心理

过度自信是指人们对自己的能力、知识和未来的预测表现出过分的乐观自信。过度自信的决策者通常认为自己拥有知识的精确度要比实际的精确度更高，因而会过高地估计他们认为应该发生事件的可能性，而过低地估计他们认为不应该发生事件的可能性。

巴伯和奥迪恩（Barber & Odean，2001）通过研究表明，男性通常比女性更容易表现出过度自信[88]。热尔韦和奥迪恩（Gervais & Odean，2001）则通过研究发现，缺乏经验的交易者比经验丰富的交易者更容易过度自信[89]。根据《深交所2018年个人投资者状况调查报告》显示，我国新入市投资者平均年龄为31岁，其中30岁以下的投资者占到新入市投资者的56.2%[90]。伴随着缺乏经验的年轻股民的大举入市，中青年成为证券投资的主力军，但是相较年长投资者而言，也更容易表现出过度自信。

由于过度自信，投资者会过分依赖自己打听到的"小道消息"，而轻视公司的盈利状况、股利分配政策等基本面的消息，具体表现为投资者不关心公司是否发放股利、发放什么样的股利以及多少股利；并且在过滤各种信息时，会关注那些能够增强他们自信心的信息，而忽视那些会挫伤他们自信心的信息。此外，因为过度自信，投资者往往高估自己的技能水平和预测未来走势的能力，关注股票价格在短期内的涨跌，期望在较短的时间内获得较高的收益，从而导致投资活动中的"过度交易"与高昂的交易成本。

同时，人们的过度自信更多地来源于对自身信息、知识及其处理、决策能力等的过高程度的相信。弗兰克（Frank，1935）就发现人们对未来事件有不切实际的乐观主义，即过度估计了其完成任务的能力，并且这种过度估计随着个人在任务中的重要性而增强[91]。而作为拥有更多信息与知识，承担更重大职责的管理者，相较于一般人而言，其往往更经常地表现出更大程度上的过度自信（Malmendier & Tate，2005）[92]。这在股利政策上，一方面表现为管理者过多地保留利润，用以过度地扩大公司的投资规模；另一方面也表现在他们对待股东或投资者的态度上，认为可以凭借其信息或知识上的优势，糊弄甚或欺骗投资者而不会怎么样，或者至少可以说服股东理解与接受其股利政策的方案，这就是在控制（公司）上的过度自信。

3.3.2 投机暴富心理

投机暴富是指人们过高地估计自己的能力，梦想在短期内通过证券市场的"低买高抛"来获取巨额利润，而置自己的风险承受能力于不顾的孤注一掷的心理。

由于证券市场不仅受行业和企业自身发展因素的影响，还受国内外政治、经济等多种客观因素的影响，因而其价格波动较大。并且，加上各种金融商品本身的虚拟性，这就进一步加剧了金融商品价格的波动幅度。剧烈的波动为投资者的"低买高抛"获取巨额利润创造了条件，但也诱发了部分投资者的投机暴富心理，其一旦认为找到了机会，就置自己的风险承受能力不顾，孤注一掷盲目追求短期利益。这种心理其实也是人的贪婪本性在股市中的具体体现。对此，凯恩斯（Keynes，1936）主要从人的本性方面作出了解释，认为人的生命是有限的，人的本性要求人们快速获取收益，因此人们在快速赚钱方面存在着特殊的热情[93]。

在我国个人投资者中，许多投资者入市的根本原因就是认为股市是一个聚宝盆，梦想"一夜暴富"以彻底改变自己的经济状况。因此，他们在炒股过程中，往往追求赚大钱，买进股票就想赚 30% ~ 50%，有的人甚至想着在短期内股票就能够直接翻番。有研究发现，虽然有 60% 以上的投资者在当年取得了远高于银行利率的投资收益，但仍有 70% 以上的投资者对自己的收益不满[94]。可见，这种投机暴富心理在投资者中较具广泛性或普遍性。

而基于这种投机暴富的心理，投资者往往过分倾向于追求资本利得，热衷于短线进出，频繁交易，希望能够尽快从买卖差价中获得短期暴利。根据《深交所 2018 年个人投资者状况调查报告》显示，我国个人投资者平均持股期限短，交易频繁，其中一周内交易若干次的投资者占比高达 46.4%[90]。由此可见，投资者并不看重股票的长期投资收益，对上市公司每年的股利支付种类和支付数量漠不关心，因为股利分配的不稳定，以及较低的股利回报率远远难以满足投资者日益膨胀的"一夜暴富"的心理。并且投资者一旦认为找到了机会，就会孤注一掷置自己的风险承受能力于不顾，跟随市场盲目地追涨杀跌、过度交易，因此不仅常常陷入股市陷阱，而且白白浪费了大笔交易费用，最终损失惨重。

3.3.3 损失厌恶与后悔厌恶心理

损失厌恶是指人们面对相同数量的损失和收益时，其对边际损失比对边际收益更加敏感，即投资者损失时所感受到的痛苦远大于相同数量收益所获得的愉悦。理性预期理论认为，在获益与遭受损失时，人们的价值函数是不同的。获益时，人们的价值函数是凹形函数，表现为风险厌恶的心理；而当遭受损失时，人们的价值函数是凸形函数，表现为风险寻求的赌徒心理。同时，以原点（即现状）为参照点，损失状态下的函数的斜率远大于获益状态下的斜率，约为 2∶1，这意味着等值的损失给人们带来的痛苦是等值的获益给人们带来的愉快的 2 倍[56]。

后悔厌恶是指人们进行决策时会因为后悔而痛苦，故人们往往会倾向于选择最小化未来可能后悔的方案。因为后悔对人们来说，是一种除了损失之外，还自认必须对损失要负责任的感受，所以后悔会比损失还要感到痛苦。同时，由于采取行动的后悔程度要远高于没有采取行动的后悔程度，因此，人们在不确定情况下决策时，为了避免后悔，会选择维持现状，从而使未来后悔的可能性降到最低。

在我国，由于股利回报率较低，这种较低的股利回报率使得投资者不看重现金股利分配，而看重股价的波动，希望能够从股价的波动中获得超额的投资收益。但是，一旦这种目标难以实现，损失厌恶和后悔厌恶便会对投资者的心理产生效用，即宁愿守着被套牢，也不愿实现亏损。同时，这种心理驱使投资者不去关注上市公司股利的发放数量和发放种类，即使一些上市公司连续几年不发放股利，或者只是通过配股、送股等方式进行"圈钱"、稀释股票价值，投资者还是坚持继续持有亏损股票，而不愿出售。因为面对确定的损失和不确定的未来走势，投资者为避免立即兑现亏损而带来的后悔，会倾向于风险寻求而继续持有亏损股票，以拖延面对因自己进行错误的投资而感受到的痛苦和后悔。而当股票盈利时，面对确定的收益和不确定的未来走势，以及不稳定的公司股利政策和较低的股利回报率，投资者为了避免价格下跌而带来的后悔，则趋向于风险回避，愿意较早卖出股票以锁定利润。因此，后悔厌恶和损失厌恶心理也能够较好地解释证券市场中所存在的"处置效应"，即投资者过长时间地持有损失股，而过早地卖出盈利股。

3.3.4 从众心理

从众心理，是指个人的观念和行为由于受到所在群体直接或隐含的引导或压力，而向与多数人相一致的方向变化的倾向。从众心理主要受以下几个基本因素的重要影响：一是个体的理性程度。通常个体的理性程度越高，其趋于从众的可能性就越低。二是个体所处环境的不确定性程度。通常环境越混沌，个体在无所适从的情况下，"随波逐流"的可能性越明显。三是群体的性质。群体的"集体性"越被强调，则给予其中个体所受的趋于从众的压力就越大。四是群体的规模。群体越大，其中个人要改变众人方向的风险等难度越大，越有更大的可能性趋向于随大流。

在中国，"集体性"被长期地强调，甚至在很长一段时间内成为相当一部分人的生活习惯与生存方式。在我国股市，个人投资者规模大，截至 2017 年年底，我国个人投资者持股账户数高达 14549.66 万户，占到整个市场的 99.78%，远超一般法人与专业机构所占比例[95]。同时，市场环境很混沌，信息披露问题层出不穷，且"内幕消息""路透社""小道消息"遍布全场，因此，在中国资本市场上，投资者的从众心理远比西方成熟资本市场上的要严重得多，从而形成显著的"羊群效应"[96]。这种从众心理及其效应加剧了资本市场的波动性质与幅度，因为它在投资者群体之间形成了一种"心理乘数效应"，进而形成一种"追涨杀跌"较为极端的倾向，即行情看涨时，大家都更加乐观；行情看跌时，则更加悲观。难怪巴菲特认为，股市的行为与其用经济学解释，还不如用人类学来解释更有效。

由于受这种投资环境与氛围的影响，市场的非理论程度往往呈现叠加效应，因为理性往往是趋于独立而分散的，而非理论性则趋于集中而累加的。这正如群体心理理论所解释的：当人群构成心理群体时，由于理性个性的丧失，群体成员无法将由理性个性所支配的智能相叠加或组合，同时由于非理性个性的增加，群体成员只能由非理性个性所支配的愚笨相叠加或组合，因而，该群体作为一个整体，在决策或行动时所表现出的智能水准，将远远低于该群体成员在作为个体决策或行为时所表现的智能水准。也就是说，心理群体几乎不具备逻辑推理能力，也拒绝接受任何逻辑思维方式以及逻辑思维成果的影响，这就是著名的勒庞"心理群体整体智能低下定理"[97]。而基于这种从众效应及其所引致的非理性叠加效应，一方面，当资本市场中的大部分投资者热衷于追求股票的高流动性和短期暴利，而不关注上市公司的现金股利政策时，其他投资者会予以效仿，对现金股利政策漠不关心；另一方面，当市场中的大部分投资者追捧有送股题材的股票，普遍看好送股除权后股票的填权行情时，其他投资者也会跃跃欲试，往往在没有对公司的经营状况进行理性分析的情况下便一味跟风纷纷买入，期望能够随大流"分一杯羹"。而管理者则充分利用这种效应，一方面将收益留存于企业内部，据为己用；另一方面则通过"高送配政策"顺利进行融资。

第4章 我国上市公司股利政策的非理性特征

　　我国资本市场自 1990 年创建以来，历经了二十多年的发展，在上市公司数量、市场规模和投资者数量等方面都取得了可喜的成绩。但是相较西方发达国家资本市场近百年的发展历史，我国资本市场才刚起步不久，在公司制度、市场环境以及相关法规等方面都还存在较大的差距。因此，本章旨在借鉴西方资本市场上市公司的理性股利政策分配经验，以深入剖析我国上市公司股利政策的非理性，从而为探索能够真正解释我国上市公司非理性股利政策的理论方法提供铺垫。

4.1 西方资本市场上市公司股利政策的实践经验

　　综观西方资本市场上市公司股利政策的实践，其在制定股利政策时首先要考虑的就是如何最大限度地保证股东财富最大化（这里的股东指的是上市公司的全体股东）。这是西方资本市场上市公司制定股利政策的根本出发点，因此，不管采用何种股利政策，公司决策者都要预见它对股东财富的影响。具体而言，其实践经验或理性特征主要表现为以下几个方面。

4.1.1　现金股利分配为主

西方资本市场的上市公司股利分配方式主要有三种：现金股利、股票股利和股票回购。而为了维护公司控制权以及保持公司每股收益的稳定增长，西方资本市场上市公司通常采用现金股利作为最主要的股利支付方式，而较少采用股票股利的形式。

以美国上市公司为例，1971—1992 年有 50% ~ 70% 的税后利润被用于支付股利（包括现金股利和股票股利），并且在这之前的若干年，股利支付比例也一直维持在 40% ~ 60%。其中，现金股利一直是最主要的支付方式，股票股利在整个发放额中仅占 10% ~ 15%。在 20 世纪 80 年代中期以后，股票回购渐渐普遍起来。在 1984—1985 年的两年间，美国上市公司的股票回购（包括对普通股和优先股的回购）数量发生了翻天覆地的变化。此前，股票回购数量一直维持较低水平，在公司净收入中仅占 5% 左右；而在这之后，股票回购数量剧增，占到公司净收入的 25% ~ 47%。1994 年，美国公司股票回购总金额为 690 亿美元，几乎与现金股利持平。但是回购的动机和目的主要是为股东创造较低税负的资本利得，作为公司现金股利的一种替代。与此同时，现金股利在公司净收入中所占比例并没有下降，因此，这一时期的美国上市公司总的股利支付水平（包括现金股利和股票回购）不但没有下降，反而是上升的[98]。

再如日本上市公司，也是以现金股利作为最主要的股利支付方式，并且基本上不采用股票股利和股票回购方式。这主要是因为日本上市公司的投资者多为法人，其投资目的不同于个人投资者。为稳定公司的股票价格，维护及强化法人投资者对公司的控制权，日本上市公司仅仅采用现金股利分配方式。此外，由于公司法对上市公司股票回购的诸多限制，以及对于回购所取得股份的不予承认，所以，股票回购在股利支付方式中所占的比重很少。

4.1.2 股利支付率与股利回报率高

基于"股东利益至上"的股利分配理念，西方资本市场的上市公司通常将其盈利的很大一部分用于支付股利，以满足股东对股利收入的要求。更有甚者，一些上市公司在股利分配出现困难时，会通过举债的方式来向股东发放股利。因此，西方资本市场的上市公司股利支付率与股利回报率普遍较高，盈利企业不分配现象较少。

所谓股利支付率，是指公司支付的现金股利总额所占公司税后利润的比例；而股利回报率，则是指每股现金股利所占每股市价的比例，即股东通过股利收回的投资收益比率。以美国为例，绝大多数上市公司采取的是高股利支付率和高股利回报率的现金股利分配形式。见表4-1，反映了1958—1998年美国纽约证券交易所（New York Stock Exchange，NYSE）、美国证券交易所（American Stock Exchange，AMEX）和纳斯达克（National Association of Securities Dealers Automated Quotations，NASDAQ）三家股票交易所上市公司的股利支付率。由表4-1可以看到，美国上市公司的股利支付率在1988—1992年达到最高，平均为56.86%；最低的1973—1977年也有33.95%。而从1958—1998年的40年间，股利支付率平均为43.37%，也就是说美国上市公司将其40%多的净收益分配给了股东。除了股利支付率较高外，美国上市公司的股利回报率也较高，1974—1997年的20多年间，股利回报率平均为3.84%[99]。

表4-1　　　　　　　美国上市公司1958—1998年股利支付率

1958—1962年	1963—1967年	1968—1972年	1973—1977年	1978—1982年	1983—1987年	1988—1992年	1993—1998年	平均
43.27%	50.71%	47.29%	33.95%	34.86%	40.73%	56.86%	39.31%	43.37%

资料来源：Fama, Kenneth R. French. Disappearing Dividend: Changing Firm Characteristics or Lower Propensity to Pay [J]. *Journal of Financial Economics*, 2001, 60 (1): 3-43.

此外，美国上市公司每年分配四次股利，并且大都按季度进行，按年度或半年度分配的较少。这种在短期内连续多次分配股利的方式，一方面可以满足股东偏好分红并要求分红的需求；另一方面可以增加公司财务信息的透明度。因为每次发放股利，上市公司都将公布自己的短期财务业绩，从而达到最大限度地发挥股东和债权人监督与制约公司经营管理的作用。

4.1.3　股利政策基本稳定

所谓稳定，是指企业的股利支付呈线性趋势，尤其是向上倾斜的趋势。连续、稳定的股利政策，是公司经营状况良好的具体表现。而不稳定的股利政策往往会减弱投资者的信心，影响公司的长远发展。因此，西方资本市场的上市公司一般都尽量保持稳定的股利政策。

从美国上市公司的股利分配的实践看，为维持公司良好形象，吸引更多的投资者，美国上市公司在决定股利政策时都很谨慎，多数公司事先确定了目标股利水平，倾向于保持稳定的股利政策。之所以如此，是因为公司管理者们相信稳定的股利政策能够传递公司稳健成长的信息，增强投资者的信心，因而不会轻易削减或增加股利。一方面，一些上市公司在某一年度出现股利分配困难时，会通过延迟投资、出售资产、裁减员工、大量贷款等方式来避免削减分红；另一方面，即使当期利润大增，上市公司也不会马上大幅提高股利支付率，而是在以后年度中逐步将其提高至预定目标水平。如 20 世纪 70 年代，美国上市公司的现金股利约占公司净收入的 30% ~ 40%；直到 80 年代以后，才提高到 40% ~ 50%。

同时，根据林特纳（1956）基于美国市场的研究表明，上市公司股利变化的主要决定因素是当前的盈余水平和过去的股利规模[100]。由于管理层相信股东更欢迎稳定的股利收益，因此这种变化也只是根据既定目标股利支付水平进行部分的调整，而不是大幅地调整股利。此后的很多学者针对林特纳提出的股利稳定问题进行了实证研究，证实了美国上市公司一般都尽量保持稳定的股利支付水平，且总体趋势是上升的。

又如日本，不管上市公司经营利润如何变动，分红水平是完全固定的。这一方面是因为日本上市公司的法人间相互持股，虽然利润增加了，但是并没有来自大股东要求增加分红的压力；另一方面，这也与日本上市公司长期推行的稳定的股利政策有关。

4.1.4　股利政策的"信号传递效应"较明显

在西方资本市场上，公司股价的变化与公司股利政策的变化是密切相关的。对于公司增加派现的信息披露，市场会作出正向反应，公司股价通常上升；相反，对于公司减少派现的信息披露，市场则会作出负向反应，公司股价通常下跌[101]。这主要是因为西方资本市场上市公司通常遵循稳定的股利政策，因而股利政策具有较明显的"信号传递效应"，即股利差异或变动常常被认为是管理当局向外界传递公司经营业绩好坏及未来盈利能力的极有价值的信号。股利增加，表明公司具有较好的未来盈利前景，管理层有信心保证以后年度均能维持较高的股利支付水平；反之，股利减少，则表明公司经营业绩及未来盈利能力下降，从而对公司股价产生相应影响。由此可见，西方成熟资本市场的股利政策"信号传递效应"在一定程度上支持并验证了经典股利理论中的信号传递理论。以美国为例，韦恩·盖伊和贾拉德·哈福德（Wayne Guay & Jarrad Harford，2000）通过对1981—1993年美国市场上回购和股利增加事件的考察后发现，上市公司通过选择股利增加的分配方式向市场传递了其相对持久的现金流量信号[102]。

另外，许多实证研究还表明，当对现金股利课以较高的税率时，市场对派现的正向反应更为强烈。因为基于股利政策的"信号传递效应"，投资者会认为，既然公司愿意用这种高成本的方式向市场传递信息，那么很可能意味着公司对其经营业绩以及未来盈利能力具有良好的信心与预期。

4.1.5 与股利政策相关的法律环境较完善

在西方成熟资本市场上，包括立法与执法在内的与股利分配相关的整个法律环境都较为完善。其中，实行"普通法"的国家（如英国、美国等）比实行"大陆法"的国家（如日本、法国等）对投资者提供的法律保护要更为有力，因此，实行"普通法"的国家的上市公司的股利支付率相对较高。

以美国为例，作为"普通法系"的代表，美国专门从立法上对上市公司股利政策作了严格规定以使投资者能够积极参与证券市场。如《国内税收法》规定，在没有恰当理由的情况下，上市公司的累计留存收益不得超过 25 万美元，否则将被课以重税。强制性法律措施的颁布，一方面界定了上市公司的最低股利分配水平；另一方面则迫使上市公司如果不进行投资，就必须将收益分配给股东，从而有效保护了外部股东的利益[103]。

由于与股利分配相关的法律环境较完善，中小投资者也更容易运用法律武器从上市公司获取股利，尤其当公司缺乏较好的投资机会时更是如此。其实，美国上市公司的股东们实际能够从公司获得多少红利，并不在于他们是大股东还是小股东，而在于他们是否善于运用法律武器来抵制来自"内部人"的压力。在美国、英国、加拿大、澳大利亚等国，上市公司的股权相对分散，多数公司在很大程度上被经理层所控制，为了使自己的财富不被"内部人"的控制所随意剥夺，法律赋予股东的权力主要包括：与内部人享有同样的分红权，即同股同利；对上市公司重大决策的投票权；选举上市公司董事的权利；对上市公司给股东造成的损害提起诉讼的权利等，除此之外，股东还可以将股份出售给那些想要取得上市公司控制权的敌意收购者，并以此与那些不分红的上市公司相抗衡。

4.2 我国上市公司股利政策的非理性表现

综观我国上市公司的股利政策现状，其与西方资本市场上市公司的理性股利政策相去甚远，即表现出诸多的"非理性"。

4.2.1 股利分配形式繁杂多样，热衷送转股

我国上市公司的股利分配形式繁杂多样，除了派现与送股两种基本的分配形式外，还衍生出公积金转增股本、配股，以及将派现、送股、公积金转增股本与配股相结合的多种分配方式。从严格意义上讲，公积金转增股本并不属于股利分配范畴，因为公积金转增股本包括盈余公积转增股本与资本公积转增股本两种，而资本公积转增股本来自于资本公积，不受公司本年度可分配利润的多少及时间的限制，因此，其本质上并不是对股东的分红回报。但是由于公积金转增股本经常和股利分配方案同时公布，并会引起公司股价的变化，因而，也常被许多专家和投资者视为股利分配的一种形式。此外，配股虽然属于融资的范畴，但也与公积金转增股本类似，总是与股利分配方案同时公布，因此也被当作股利的分配形式来看待。所以，总体来看，我国上市公司股利分配有：派现、送股、公积金转增股本、配股及混合股利（几种股利同时进行）等多种分配形式。

同时，相较西方资本市场上市公司，我国为数不少的上市公司更热衷于纯送转股或以送转股为主的混合股利分配形式[①]。如陈晓、陈小悦和倪凡（1998）在信号传递理论背景下研究了 1996 年以前上市公司的首次红利分配政策，发现在 10% 的显著性水平上，纯股票股利和混合股利的超

---

① 由于该类公司采用纯送转股或以送转股为主的混合股利方式进行股利分配，因此，该类公司在本书中简称为送转股公司，包括纯送转股公司和以送转股为主的混合股利公司两种。

额收益率均大于纯现金股利，因此，与前两者相比，现金股利不受市场欢迎[104]。俞乔、程滢（2001）利用上市公司1992—2000年所有分红公告，采用市场定价模型系统研究了股票市场对公司分红政策的反应，其结果表明：市场对股票股利或混合股利的分红政策有较强的正向反应，而对单纯现金股利则极不敏感，特别是派现作为首次分红方式并不受市场欢迎[105]。程燕（2002）采用累计超额收益分析方法，选取在上交所挂牌上市的公司1998—2000年的股利分配事件分析年度分配预案对股价的影响，实证结果表明：现金股利遭到市场冷落，其超额收益明显负值；股票股利和送派方式受到欢迎，两者超额收益显著正值[106]。严武、潘如璐和石劲（2009）基于事件分析法，在对1993—2006年在沪深证券交易所上市的1413只A股的股利公告效应进行的实证研究结果显示，投资者最为偏爱混合股利，其次是股票股利，而现金股利则最不受欢迎[107]。龚慧云（2010）通过研究发现，为获取股利溢价，我国上市公司管理者倾向于通过送转股的方式来迎合投资者的股利需求，并且投资者对高送转股票赋予的市场价值（股票价格）的高低，是其理性管理者决定其送转股比例高低的一个重要因素[44]。支晓强、胡聪慧和童盼（2014）考察了股权分置改革前后我国上市公司的股利分配行为，发现股票股利溢价对上市公司的股票股利政策在股改前后均有显著影响，这表明上市公司股票股利政策与中小股东的偏好密切相关[45]。戚拥军（2011），郑振龙、孙清泉（2013），李心丹等（2014），黄文锋、洪雪珍（2018）认为，我国资本市场上的高送转，大多是为了迎合中小投资者热衷送转股的非理性需求，是公司管理层利用投资者对高送转股票的价格幻觉筹措资金的行为[46-49]。

从会计语言上说，送股就是将一定金额从"未分配利润"账户转入"股本"账户，转股就是将一定金额从"资本公积"或"盈余公积"账户转入"股本"账户，因此，无论是送股还是转股，对企业而言，都只涉及股东权益各组成项目间的调整，而基本不涉及企业内部现金的流出。由此可见，股东财富从经济实质上不会因之而改变[108]，也意味着送转股并没有使股东从公司的股利政策中得到实质性的回报。同时，繁杂多样的股利分配方式，更多地体现为企业各利益相关主体间博弈后的均衡结果，而迥异于西方资本市场上市公司制定股利政策的根本出发点，即最大限度地保证股东财富最大化。首先，公积金转增股本和配股使公司在股本扩张的同时摊薄了每股净资产和每股收益，从而有效掩饰了公司业绩的真实情况；其次，持有国有股等非流通股份的大股东由于不能通过转让股票获取资本利得，因而偏好现金股利；再次，中小股东因热衷于市场投机气氛带来的远远高于现金股利的资本利得，因而偏好股票股利；最后，管理者偏好股票股利，以扩大公司规模和降低公司风险，从而实现个人效用的最大化[99]。因此，繁杂多样且热衷于送转股的股利分配方式，并不遵循西方资本市场"股东利益至上"的股利分配理念，反之却有可能为公司内部人操纵股利政策创造有利条件。

4.2.2 实施派现的上市公司比例呈阶段性特征

从表4-2可以看到，我国A股上市公司①中，实施派现（包括纯派现以及混合股利中的派现）的上市公司比例呈现阶段性的特征，其大致可以分为以下几个阶段。

第一阶段：1993—1994年，即我国证券市场建立初期，实施派现的上市公司所占全部A股上市公司的比例很高，其中，1994年为历史最高，达到了73.91%。这主要是因为我国证券市场刚刚起步，一方面人们对证券投资知之甚少，另一方面上市公司也普遍缺乏战略投资眼光，因此，为了吸引广大的投资者，上市公司则选择把大量的募集资金直接分给了股东。

第二阶段：1995—1999年，派现的上市公司比例骤降至30%左右。

---

① 本书中的A股上市公司特指我国沪深两市A股主板市场的上市公司。

这主要是由于自 1995 年以来，央行采取了紧缩性的金融政策，上市公司难以从外部市场融通到大量的货币资金，因此，相较前一阶段而言，取而代之的是现金股利骤减或者干脆停止派发现金股利。并且，由于不派现的公司数量众多，使得许多原本准备派现的上市公司也纷纷予以效仿，其中包括许多年度盈余巨大、现金流量充足，而业务增长机会极为有限的公司。

第三阶段：2000—2001 年，上市公司的派现意愿发生逆转，其分红热情空前高涨且出现了派现高峰，派现公司所占比例分别为 62.34% 和 58.74%。这主要是因为中国证监会在 2001 年 3 月颁布的《上市公司新股发行管理办法》中，把现金分红派息作为上市公司再筹资的必要条件。为了符合再融资条件，许多上市公司纷纷选择分红派息，也因此出现了 2000 年、2001 年分配现金股利的公司数量较前一阶段大幅提升的现象。

第四阶段：2002—2011 年，分配现金股利的上市公司占全部 A 股上市公司的比例略有下滑，但是降幅不大，整体保持在 50% 左右。这主要是由于市场对派现反应不佳，加上证监会对配股资格的严格规定，派现对上市公司得不偿失，因此出现派现比例下滑现象。

第五阶段：2012—2018 年，派现公司重拾迅猛势头，占到上市公司总数的 70% 左右，这可能与 2012 年颁布的《关于进一步落实上市公司现金分红有关事项的通知》，2013 年颁布的《上市公司监管指引第 3 号——上市公司现金分红》，以及 2014 年颁发的《上市公司章程指引（2014 年修订）》有关，要求上市公司在其公司章程中明确表述股利政策，以强化公司的分红承诺，更好地保护中小投资者利益。

由上可知，一方面，我国 A 股上市公司中实施派现的上市公司比例并非恒定不变，相反，具有较明显的阶段性特征；另一方面，我国上市公司中派现公司数量的骤减或是骤增，与上市公司投资机会的增加或减少并无多大关联，相反，其更多地表现为对国家宏观调控政策的权宜式反应，或者说其根本目的只不过是为其在资本市场进一步"圈钱"创造有利条件而已。由此可见，我国上市公司在制定股利政策时，其首要考虑的并不是如何最大限度地保证股东财富最大化或是企业价值最大化，相反，其在忽视中小股东利益，为公司管理者与大股东谋取局部的、短期的"非分利益"并偏离公司长远利益与目标的本质上并没有什么实质性的改变。

表 4 – 2　　　　　　1993—2018 年我国 A 股上市公司派现情况

年度	上市公司总数/家	派现公司数/家	派现公司所占比例/（%）
1993	224	144	64.29
1994	299	221	73.91
1995	360	199	55.28
1996	579	182	31.43
1997	752	221	29.39
1998	850	250	29.41
1999	944	295	31.25
2000	1094	682	62.34
2001	1156	679	58.74
2002	1211	620	51.20
2003	1277	607	47.53
2004	1317	691	52.47
2005	1299	568	43.73
2006	1312	613	46.72
2007	1327	625	47.10
2008	1330	627	47.14
2009	1338	648	48.43
2010	1360	711	52.28
2011	1394	769	55.16
2012	1420	892	62.81
2013	1420	936	65.91
2014	1493	967	64.77

年度	上市公司总数/家	派现公司数/家	派现公司所占比例/(%)
2015	1551	976	62.93
2016	1701	1182	69.49
2017	1867	1420	76.06
2018	1921	1378	71.73

数据来源：根据国泰安（China Stock Market & Accounting Research，CSMAR）中国上市公司红利分配研究数据库中的有关数据整理而来。

4.2.3 股利回报率低于同期银行存款利率

股票作为一种高风险的证券品种，按照风险与收益对等的原则，上市公司理应给予投资者必要的投资回报率。尽管我国上市公司的平均股利支付率并不低，与西方发达国家的一般水平相差无几，甚至远高于德国和日本的股利支付率（Sik Kang，2001），但是我国上市公司的平均现金股利回报率却较低。杨钧杰（2018）通过研究显示，在 2016 年沪深两市 3205 家公司中，尽管有 2452 家上市公司进行了分红，但是有九成企业的股息率没跑赢一年期定存，有 36 家企业自上市以来从未进行过分红[109]。并且，如果扣除个人所得税，平均股利回报率则更低。而究其原因，这主要与我国上市公司盈利能力不高、每股收益较低、每股股票市价较高有关，因此，即便派现公司的平均股利支付率并不低，而平均股利回报率却较低。

这种较低的股利回报率，一是严重损害了投资者的利益，使得投资者承受的投资风险与所获投资收益极不对称，并因此导致了在 4.2.1 节所提到的单纯现金股利不受市场欢迎，被投资者所冷落，反而送转股等混合股利大行其道。二是助长了投资者的投机行为，不利于投资者树立正确的投资理念。由于投资者几乎不可能通过股利来收回投资，因而其只能冀望于资本市场的短期股票资本利得，从而极大地助长了投资者的投机行为。

4.2.4　非良性派现现象依然存在

一方面，我国上市公司普遍缺乏主动分配现金股利的意愿；另一方面，我国资本市场的非良性派现现象也依然存在，其主要有以下几种表现形式。

（1）异常高派现。异常高派现是指每股现金股利大于每股收益，或者大于每股经营性净现金流量。将利润在公司内部以留存收益的形式积累下来，用于公司的长远发展，是成长性公司的通常做法。但是，在我国部分上市公司中却存在异常高派现现象。如九芝堂、华谊集团、梅花生物、三星医疗等上市公司，2018 年的每股收益分别为 0.38 元、0.12 元、0.32 元、0.08 元，但是 2018 年实施的每股派现金额（含税）分别为 0.4 元、0.26 元、0.33 元以及 0.3 元。①

（2）经营情况欠佳，照常派现。通常，上市公司应在经营活动现金流量为正的情况下分配现金股利。而当公司经营情况不佳，甚至净利润或经营活动净现金流量为负时派现，势必恶化其财务状况，不利于公司的后续发展。我国一些上市公司为保住其再融资资格，即便当期经营情况不佳，现金明显不足，仍然照常派现。如深康佳、东旭蓝天、华侨城、天健集团、模塑科技等上市公司，2018 年度经营活动现金流量均为负值，但 2018 年实施的每股派现金额（含税）分别为 0.1 元、0.075 元、0.3 元、0.25 以及 0.13 元。②

由上可知，我国上市公司的这种非良性派现行为，既不是上市公司扭亏为盈，以此向市场传递其良好的未来盈利前景，也不是上市公司突然大发慈悲为股东的利益着想。究其深层原因或真实目的，主要有两个：一是迎合某一时期监管层的需要，继续保持从股市"再圈钱"的条件与可能；

①②　数据来源于国泰安（CSMAR）中国上市公司红利分配研究数据库以及中国上市公司财务指标分析数据库。

二是向大股东，特别是控股股东进行"利益输送"。而这些都有悖于股东利益最大化，并且有损于公司的长远利益与目标的，特别是第二层原因更是对这一目标的损害。因为如果没有持续的业绩增长做支撑，这种非良性派现行为就好比是无源之水，最终只会掏空上市公司而已，因此，这种股利政策显然是"非理性"的。

4.2.5 股利政策缺乏连续性与稳定性

连续、稳定的股利政策，既是公司可持续发展的重要标志，也是公司乃至整个资本市场可持续发展的重要条件。一方面，连续、稳定的股利政策可以向市场各方传递有关公司可持续发展的信息，有利于公司在资本市场上树立良好形象、增强投资者信心，进而有利于稳定公司股价，促进公司的可持续发展；另一方面，连续、稳定的股利发展趋势，不仅能够满足股东的股利需要，而且能够吸引潜在的长期投资者，包括个人投资者和机构投资者，从而有效降低市场的投机性，促进整个资本市场的健康、有序发展。

尽管连续、稳定的股利政策，对于上市公司以及整个资本市场而言，意义深远且重大，然而，在我国，连续、稳定的股利政策的重要性尚未引起上市公司的广泛重视，其突出表现为，大多数上市公司没有明晰的股利政策目标，股利政策的制定和实施缺乏长远规划，无论股利支付形式或是股利支付比例均频繁多变，缺乏连续性。首先，在我国资本市场上，能够不间断派现，使股利政策保持连续性的上市公司少之甚少。截至 2016 年，我国仅有 1/3 的上市公司连续五年进行了现金分红，有 170 家公司连续十年都未进行现金分红[109]。其次，即使是连续派发现金股利的公司，其派现数额在各年度间的分配也很不均衡，有的年度很高，有的年度则很低。王晴（2015）研究了股权分置改革后我国上市公司股利政策稳定性问题，发现股利支付对收益的变化相关性很高，股利政策不稳定[110]。杨宝、甘孜露（2019）通过构建现金分红稳定性指数，对 A 股 2003—2016 年上市公司的分红稳定性进行了实证研究，结果发现主板上市公司分红稳定性水平显著低于中小创业板，分红稳定性水平在不同规模公司间的差异显著，并且经济欠发达地区的分红稳定性水平堪忧[111]。

我国上市公司这种非稳定、非连续性的股利政策，一是表明我国上市公司缺乏对股东特别是中小股东利益的真正重视与保护；二是从公司理财角度来看，股利决策与投融资决策密不可分，是两者的共生性决策内容。公司股利政策的随意性与非稳定性，将可能导致公司整个财务管理规划的混乱和无章可循，进而影响其长远发展，甚至导致财务危机。因此，这种随意性较大的股利政策显然也是无任何理性可言的。

4.3　行为股利理论对我国上市公司股利政策研究的适用性分析

行为股利理论承袭了行为财务学的"行为范式"，其研究的基本逻辑是：在放松"理性人"假设的前提下，把市场参与者视为"有限理性"甚或"非理性"的，即其行为会受到自己的习惯、偏好、固化观念以及外界各种不确定性因素的影响，在有限信息与知识的条件下，以有限的能力予以决策与执行，因而得出的并不一定是最优的决策或行为。基于此，行为股利理论研究的基本方向有两个：一是逻辑推理，即在某些心理、动机或条件下，针对公司股利政策，行为主体会作出什么样的次优决策或行动？二是经验印证，即对于公司股利政策，行为主体已经作出的次优或"非理性"的行动是受到哪些心理、动机或条件的影响而形成的？

从我们前面对中国上市公司股利政策的非理性特征的描述与分析可以看到，在很不完善的制度条件下，中国股市整体上缺乏投资价值，是种成功概率比打麻将等赌博活动还要低得多的"负和博弈"，但是仍有许多投资者相信自己会比别人更幸运、更聪明或者能得到更多的"秘诀"或"内幕消息",因而表现出诸多的非理性特征,比如,对没有任何实质回报的非现金股利政策的欢迎程度远甚于现金股利政策,又如追涨杀跌的羊群效应等。另外,公司管理者也表现出过度自信等非理性特征,以及利用投资者的"非理性"获取"非分利益",为局部、短期的利益而丧失关于企业(公司)价值最大化所需的整体、长期的"理性"。由于这种"非理性"特征是客观存在的,而且其程度相对西方成熟资本市场而言要严重得多,而传统的经典股利理论难以对其进行强有力的解释或预测,所以这也是我们拟运用行为股利理论来研究这些现象的基本背景与必要性。

此外,我国资本市场及上市公司还很不成熟,甚至可说是"形似而神不似",具有相当多的特殊性或"中国国情",因而要解释它必须考虑更多、更具体的现实因素,而投资者与公司管理者的"理性欠缺"及其影响因素是不可忽视的,因此,运用行为股利理论来研究我国上市公司股利政策在思路、方向上是与这种需要或要求是匹配的,也因而具有较好的适用性或可行性。

基于以上分析与认识,我们有必要着重从投资者与管理者两个不同的角度来对我国上市公司非理性股利政策展开理论分析与实证研究。这样就形成了投资者以及管理者两条不同理性程度的研究主线,进而构成四种不同的组合,具体见表 4-3。这四种组合涵盖了投资者、管理者不同理性程度下的全部情形。其中,组合 Ⅰ 属于标准财务学的研究范畴;组合 Ⅱ、Ⅲ、Ⅳ 则属于行为财务学的研究范畴。因此,本书将在第 5 章和第 6 章主要研究组合 Ⅱ(投资者非理性,而管理者理性),即"投资者非理性"框架下,投资者的非理性行为对公司股利决策的影响;组合 Ⅲ(投资者理性,而管理者非理性),即"管理者非理性"框架下,管理者的非理性行为对公司股利决策的影响。这与公司行为财务学的研究框架或模型也是一致的①。至于组合Ⅳ，在现实中是种特殊的存在形态，在理论上也难以进行一般性的研究，而适合于进行个案性的研究，限于研究精力，我们对此存而不论。

表4–3   投资者与管理者理性组合

	投资者理性	投资者非理性
管理者理性	Ⅰ （标准财务学研究范畴）	Ⅱ （行为财务学研究范畴）
管理者非理性	Ⅲ （行为财务学研究范畴）	Ⅳ （行为财务学研究范畴）

① 行为财务学在研究金融市场、个人投资者非理性行为的同时，也研究公司财务决策中的非理性现象，以及这些非理性现象对公司财富的影响。后一领域的研究也被称为"公司行为财务学"，它建立在两个不同的研究框架或模型之上：一是假定投资者非理性，管理者理性；二是假定投资者理性，管理者非理性。因此，本书第5章和第6章的研究框架与公司行为财务学的研究框架或模型是一致的，本书研究也将遵循这样的结构进行展开。

第5章 我国上市公司非理性股利政策研究（Ⅰ）：基于投资者非理性框架

由于我国 A 股市场仍然以个人投资者为主体，所以本书中所提及的投资者特指个人投资者。在本章"投资者非理性"框架下，我们假定投资者是非理性的，即市场是一个非效率市场，但是公司管理者是理性的，从而主要研究投资者的非理性行为对我国上市公司股利决策的影响。其一，根据问卷调查的统计结果，深入剖析基于当前市场环境下的投资者的非理性心理与及其行为特征，进而对我国上市公司的非理性股利政策作出解释。其二，基于投资者的非理性，运用股利迎合理论，来深入研究我国上市公司管理者是否存在理性迎合投资者股利需求（热衷送转股的股利偏好）的行为，即我国上市公司股利决策过程中的非理性现象是否是理性的公司管理者利用投资者的非理性以获取股利溢价的结果。

5.1 投资者非理性框架的理论分析

5.1.1 投资者非理性的界定

非理性在经济学中是相对于"理性人"完美假设而言的，是一种有限理性。有限理性的概念是阿罗提出的，他认为有限理性就是人的行为"即是有意识的理性的，但这种理性又是有限的"。在诺思看来，人的有限理性包括两个方面的含义：一是环境是复杂的，在非个人交换形式中，人们面临的是一个复杂的、不确定的世界，而且交易越多，不确定性就越大，信息也就越不完全；二是人对环境的计算能力和认识能力是有限的，人不可能无所不知[112]。西蒙认为，有限理性是由人的心理机制决定的。在现实世界中，人们受到自身在认识和计算能力方面固有的限制，以及信息不完全、时间有限的制约，只能在力所能及的范围内进行选择，因此，不论主观愿望怎样，人们在决策过程中都只是追求可以实现的"满意的状态"，而不是"最大"或"最优"的标准[113]。

金融市场中的投资者，作为普通人，其有限理性或非理性主要表现为决策时并不严格地遵循贝叶斯法则。首先，贝叶斯法则假设信息的先后次序对于概率判断是没有影响的。但事实上，投资者在获取信息的过程中，常常会将信息按照一定的次序排列，有时会给予排列中优先信息以优势地位，有时则会赋予后序信息以更大的权重。而由于次序效应的存在，投资者在获取信息的过程中可能会产生认知偏差，从而影响其决策行为。其次，贝叶斯法则认为人们在决策过程中会毫无偏见地运用先验概率。然而，在实际决策过程中，由于存在"认知吝啬"，即人们总是尽力节省其认知的能量，以及信息和人类大脑运算能力的有限性，投资者通常会采用复杂问题简单化的方法处理问题：①通过忽略一部分信息以减少认知负担；②过度使用某些信息避免寻找更多的信息；③接受一个不尽完美的选择[114]。这种简单化的处理方式使得投资者往往忽略了先验概率的存在，从而产生认知偏差。此外，投资者只要在认知过程的任一环节对信息的理解发生偏离，都有可能导致认知偏差，形成投资者"非理性"的行为选择。

社会心理学认为，由于受到群体情感的感染，同处一个群体中的人们容易忽略自身所获得的信息，往往倾向于放弃自己的偏好和判断而采取与群体行为相近或一致的行为[115]。因而，对于投资者来说，由于受到认知过程、情绪过程、意志过程等各种心理因素的影响，其在决策过程中所产生的偏差并不只是随机性的，有些是无法通过平均而消除的，也即投资者存在着系统性偏差。

市场的非有效主要表现为市场上各种金融产品的价格偏离其真实价值。它主要包含了两方面的含义：一是投资者是有限理性或非理性的，其在决策过程中存在无法通过平均而消除的系统性偏差；二是市场的套利是有限的或不充分的。对于后者，施莱费尔和维希尼（Shleifer & Vishny, 1997）认为：首先，非理性的投资者不能太多，否则市场将受其支配，理性投资者无力使价格回复均衡；其次，市场必须允许低成本的卖空，而且仅限于理性投资者，否则非理性投资者将利用卖空机制使得价格进一步偏离其真实价值；最后，经过一段时间后，资产的真正价格必须为众人所知，也即非理性投资者能够意识到股票的误定价，并因此调整自己的行为，否则价格偏离的情形将无法改变或得以纠正[116]。由于以上条件很难一一满足，因此也就注定了市场套利的有限性。可见，市场非有效的根源在于投资者的非理性。

5.1.2 对管理者的假定

在"投资者非理性"框架下，我们假定管理者是理性的。这样不仅有利于研究的简化，而且有其一定的现实基础。其一，作为"内部人"，企业管理者拥有内部信息，可以通过盈余管理等手段创造信息优势，这主要表现在，管理者通常能够通过买卖本企业的股票获取超额收益；其二，相较于企业外部的基金经理，企业管理者较少受到约束，行动更自由；其三，凭借经验法则，管理者即使不拥有信息优势，也能够感知股票市价与其基本价值的背离，如企业经理常常在市值较高时发行股票，而在市值较低时回购股票。

管理者理性主要表现为，管理者致力于企业价值最大化，因而其最大化自己的效用函数与最大化企业的价值函数是一致的。以两时期模型为例，在时期 0 时，企业面临的状态是确定的；而在时期 1 时，管理者对情况并不了解，企业面临的状态是不确定的。假定时期 1 时，企业面临的自然状态空间为 Π，Π 与经济形势、资本市场等有关；企业价值是定义在 Π 上的随机变量 $\nu = \nu(\varphi) = (\nu_1(\varphi), \cdots, \nu_n(\varphi))$；管理者能够观察到与自然状态 φ 相关的信号 x，并且根据观测到的信号，在先验概率的基础上利用贝叶斯法则，形成自己的后验概率 $f(x)$。因此，理性的管理者就是致力于期望效用函数最大化，即

$$\max \mathrm{E}[u(\nu)] = \int_{\Pi} u(\nu)f(x)\,\mathrm{d}x \qquad (5.1)$$

需要指出的是，本书的"管理者理性"应该是一种"大公无私的管理者理性"，而非"自私的管理者理性"。所谓"大公无私的管理者理性"，是指管理者的目标就是企业的目标，即追求企业价值最大化，此时"管理者的理性"与"企业的理性"是一致的。而"自私的管理者理性"是指管理者以追求自身利益最大化为目标。从企业的角度来讲，这种"自私的管理者理性"却并不一定表现为"理性"，因为其有可能偏离企业价值最大化目标。而所有者与管理者之间的代理问题正是基于这种"自私的管理者理性"而产生的。

由此可见，在"投资者非理性"框架下，对管理者的假定是：管理者是理性的，并且这种理性是一种"大公无私的理性"。

5.1.3 投资者非理性框架的基本内涵

在"投资者非理性"框架下，假设投资者是非理性的，市场是一个非效率市场，但是公司管理者是理性的，即投资者的非理性行为影响了股票价格，但是管理者能够识别这种股票市价与其基本价值的背离，并且致力

于公司价值最大化。

贝克、鲁巴克和沃格勒（Baker, Ruback & Wurgler, 2004）认为，面对非理性投资者，理性管理者的公司财务决策需要在追求基础价值最大化、追求短期股价最大化和追求长期投资者利益最大化中作出适当的权衡[117]。因此，在此基本框架下，公司管理者需要对以下三个冲突性目标进行权衡。

第一个目标是基本价值最大化，即管理者在对利润再投资与回报投资者进行权衡的基础上，选择能够实现未来现金流量折现价值最大化的投融资项目。在不考虑税收、破产成本、代理成本、信息不对称等因素时，公司的基本价值可以用简化的公式表示为

$$V = f(K) - K \tag{5.2}$$

式中，K 是公司在 $t=0$ 时的投资；$f(K)$ 是投资在 $t=1$，总收益在 $t=0$ 时的现值，是新增投资 K 的递增凹函数。

第二个目标是最大化公司当前股票价格。在完美的资本市场上，当前股价最大化和基本价值最大化应当是相同的，因为在有效市场条件下，证券价格应该始终反映其基本价值。然而，如果一旦放松投资者理性的假设，两个目标就会截然不同。

此时，管理者为实现第二个目标，即最大化公司当前股票价格，会根据投资者的股利偏好，有意地制定相应的股利政策，从而影响当前的股票误价。这种误价影响以函数 δ 表示，δ 的大小取决于投资者的情绪，管理者行为仅仅是基于投资者情绪所作出的反应。

第三个目标是长期投资者利益最大化。即利用当前的股票误价 δ（公司当前股票价格与其基本价值之间的差额），为现有长期投资者谋利。该目标可以通过"市场时机"的融资政策来实现：管理者在股价被高估（$\delta > 0$）时，发行股票；在股价被低估（$\delta < 0$）时，回购股票。这样当未来股票价格修正时，财务利益就从短期投资者手中转移到了长期投资者手中。假定理性管理者利用市场时机发行或回购的股票份额为 e，则这部分

利益可表示为 $e\delta$。

以上的第一、三个目标代表了管理者的长期目标，而第二个目标则是一种短期行为。三个目标的实现程度与管理者的决策视野有关。如果用 λ 代表管理者的决策视野，那么，投资者非理性、管理者理性假设下的行为目标可表示为

$$V = \max_{k,e} \lambda \left[f(K) - K + e\delta \right] + (1 - \lambda)\delta \qquad (5.3)$$

式中，$\lambda \in [0, 1]$。当 $\lambda = 0$ 时，表示管理者是完全的短视决策者；当 $\lambda = 1$ 时，表示管理者是完全的远视决策者。然而，即便管理者的决策视野极为长远，但是出于对市场时机的考虑，也会关心股票的短期误定价，并可能因此迎合股票的短期误定价以创造市场时机。如果管理者的决策视野较为短浅，那么即使没有任何后续股票的增发，管理者也会把最大化公司当前股票价格作为其当前任期的目标。

5.2 我国证券市场投资者非理性股利行为研究：来自问卷调查的分析

基于与投资者信念、偏好以及决策相关的认知心理学和社会心理学的研究成果，且结合我国证券市场的实际，本节拟设计一份专门针对投资者行为的股利政策调查问卷，并依托其统计结果，以深入剖析基于当前市场环境下的投资者的非理性心理与行为特征，进而对我国上市公司的非理性股利政策作出解释。

5.2.1 我国证券市场投资者状况

第一，个人投资者是 A 股交易主力军。

目前，在我国 A 股市场中，个人投资者的持股账户数、交易金额等仍

然占绝对多数。根据《上海证券交易所统计年鉴（2018 卷）》显示，截至 2017 年年底，我国沪市个人投资者的持股账户数高达 14549.66 万户，占到整个市场的 99.78%，远超一般法人与专业机构所占比例；个人投资者的股票买卖净额高达 4297.39 亿元，交易金额约占总交易金额的 82.01%[95]。并且，与之相对应，《深圳证券交易所市场统计年鉴（2018）》也提供了相近的统计数据与统计结果。由此可见，个人投资者是 A 股交易主力军，A 股仍具有散户驱动特征。

第二，中青年构成个人投资者的主体，总体受教育程度较低。

根据《上海证券交易所统计年鉴（2018 卷）》显示，截至 2017 年年底，25～55 岁的投资者构成了我国个人投资者的主体，占比高达 77.59%，同时 55 岁以上的离退休人群也不容忽视，占到了 16.96%[95]。此外，新入市的个人投资者以年轻人居多，平均年龄为 31 岁，其中 30 岁以下的占比高达 56.2%，年轻化趋势明显。而从受教育程度看，个人投资者总体受教育程度较低，其中高中及中专以下者占到了 43.81%，而初中以下的低学历者更有数百万之众[95]。

第三，个人投资者平均持股期限短，交易频率高。

与境外成熟市场相比，目前我国证券市场上的投资者仍然主要以短线投资为主，缺乏真正的长期投资者。根据《深交所 2018 年个人投资者状况调查报告》显示，个人投资者非理性投资行为仍然比较普遍，具体表现为平均持股期限短，交易频率高，其中：一周内交易若干次的个人投资者占比达 46.4%，一个月内交易 1～2 次的个人投资者占比达 31.9%，一季度以上交易超过 1 次的个人投资者占比为 21.7%[90]。

第四，小股民居多，一半以上的个人投资者持股市值不到 10 万元。

由表 5－1 可以发现，我国证券市场个人投资者以小股民居多，50 万元以下的个人投资者占 85.39%，其中：10 万元以下的个人投资者占 55.28%，10 万～50 万元的个人投资者占 30.11%[95]。

表 5 - 1　　　　　　2017 年年底个人投资者持股市值及所占比例情况

个人投资者 持股市值/万元	10 以下	10 ~ 50	50 ~ 100	100 ~ 300	300 ~ 1000	1000 以上
个人投资者 所占比例/（%）	55. 28	30. 11	7. 23	5. 08	1. 58	0. 50

数据来源：根据《上海证券交易所统计年鉴（2018 卷）》中的数据整理而来。

5.2.2　基于心理学角度的行为股利理论研究假设

行为财务学认为，很多心理因素如认知偏差、情绪和信念会使人的经济行为产生偏差，因而，从心理角度研究股利问题极大地扩展了财务学家的研究视野，并由此形成了诸多基于行为财务学的行为股利政策理论。其中具有代表性的观点有：特沃斯基和卡尼曼（1981）的自我控制理论、卡尼曼和特沃斯基（1982）的不确定性下选择的后悔厌恶理论、塞勒（1985）的心理账户理论以及米勒（1987）的理性预期理论等。

自我控制理论认为，即使不存在税收和交易成本，股利收入和资本利得也不可能完全替代，股利政策实际上为投资者提供了一种外在的约束机制。利斯（1976），佩蒂特（1977），谢夫林和斯塔特曼（1984）的研究表明，股利收益与投资者年龄显著正相关，即年龄越大的投资者越看重股利收入，越倾向于投资能够产生股利收入的股票，投资者旨在通过不同股利政策股票的选择以约束或控制其短期行为[5-7]。由此，可以得到以下假设。

假设 1：我国证券市场的投资者股利行为符合自我控制心理，年龄越大越看重股利收入。

理性预期理论认为，投资者对公司的股利分配政策存在着一个心理预期，如果公司宣布的股利政策与其存在差异，投资者就会重新估计公司及其股票价值，审查预料之外股利变动的含义，将预料之外的股利变动作为预测公司经营业绩以及未来盈利能力的重要线索，并因此导致公司股价的变动。由此，我们可以得到以下假设。

假设 2：我国证券市场的投资者股利行为符合理性预期心理，如果公司股利政策与其所预期的存在差异，股票价格很可能会发生变化。

心理账户理论认为，投资者根据资金来源、所在及用途等的不同将其进行分类，划入不同的账户，由于每个账户的用途可能不同，因而其对不同账户的风险偏好也有所不同。谢夫林和斯塔特曼（1994）的研究表明，投资者从心理上将股利收益和资本收益分为两个不同的局部账户，即"股利账户"和"资本账户"，并且对待两个账户的态度是不同的[9]。在投资者看来，资本账户是属于未来的收入，因而不愿意现在就消费，所以，如果削减股利，而投资者又只能出售股票以用于消费时，投资者就会出现心理障碍，就会低估该公司股票的价值。由此，可以得到以下假设。

假设 3：我国证券市场的投资者股利行为符合心理账户心理，认为红利有别于资本利得，是真正的"所得"，是用来作为每年的生活基本开支的。

后悔厌恶理论认为，在不确定情况下，投资者为了避免后悔的痛苦且将未来后悔的可能性降到最低，会选择维持现状。谢夫林和斯塔特曼（1985）通过调查后发现，投资者一般都是后悔厌恶型的，出售股票只会使其更为后悔，因为他们设想本来可以不采取这一行动，所以投资者偏好现金股利[10]。其后，戴维斯和杰夫（2012）的研究，同样支持了不确定性选择下的后悔厌恶理论，即由于投资者具有后悔厌恶心理，因而存在强烈的获取股利的偏好[11]。由此，可以得到以下假设。

假设 4：我国证券市场的投资者股利行为符合后悔厌恶心理，为使后悔最小化，投资者偏好红利而不是卖出股票来获得消费的资金。

心理学研究表明，人们一方面无法获得所有信息，另一方面也无法对所有信息进行分析与判断，所以决策时往往采用一种启发式推理方法。换言之，人们在决策过程中会走思维捷径，即凭借直觉或经验解决问题。这种思维捷径，有时会帮助人们快速作出正确的决策，但有时也会得出错误的结论。错误的结论以心理偏差的形式表现出来，称为启发式偏差[114]。由此，可以得到以下假设。

假设5：我国证券市场的投资者股利行为符合启发式偏差心理，通常凭借直觉或经验进行决策。

金融市场中的羊群行为是指在信息环境不确定的情况下，投资者容易受到市场其他投资者以及舆论（即市场中的压倒多数的观念）的影响，往往倾向于忽略自己的信息而模仿或效仿他人决策的行为[118]。羊群行为是一种非理性行为，主要表现为大量投资者在某段时期对于特定的资产产生相同的偏好，从而采取相同的投资策略。张文娟、于芹娥（2014）指出，由于认知能力和获取信息的局限性，投资者易受他人和舆论的影响，从而失去理性判断，造成投资者的"羊群行为"现象[119]。由此，可以得到以下假设。

假设6：我国证券市场的投资者股利行为具有羊群效应，容易受到外界的影响。

"埃尔斯伯格悖论"表明人们不喜欢事件发生的概率分布不确定的情形。这种情形被称为模糊情势，而对这种情势的厌恶则被称为模糊厌恶[120]。心理学研究表明，在面对选择进行冒险的时候，人们会倾向于拿已知的概率作为依据，而规避不确定的概率。因而，当新的金融产品出现的时候，往往会被投资人增加过多的风险溢价，而经过一段时间以后，当人们对该种金融产品有了一定的把握，相应地便会降低风险溢价。由此，可以得到以下假设。

假设7：我国证券市场的投资者股利行为符合模糊厌恶心理，认为公司应保持相对稳定的股利政策。

5.2.3 研究设计

1. 问卷的内容

基于以上假设，本问卷涉及的内容主要包括：投资者自我控制、理性预期、心理账户、后悔厌恶、启发式偏差、羊群效应以及模糊厌恶心理 7 个方面。问卷在完成初步设计后，我们在身边可接触到的投资者中进行了多次预实验，并据此加以修正与改进，力求问卷达到信度和效度的要求。

2. 样本选取及数据来源

本问卷的调查时间为 2019 年 9 月 9 日至 9 月 23 日，调查方式为实地调查和网上调查相结合的方式，其中，实地调查是在以湘财证券为代表的长沙市 20 家证券公司营业部，根据当时各证券营业部的投资者人数以及所能接触到的投资者随机发放问卷，投资者作答完毕后立即回收；网上调查则是在微信群、QQ 群，以及发送邮件的方式进行线上问卷调查。本次调查共发放 500 份问卷，剔除无效问卷（主要是漏答或多答的问卷）19 份以及未收回问卷 23 份，实际收回的有效问卷为 458 份，有效回收率达到 91.6%，符合本次调查的要求。

5.2.4 问卷调查结果的统计与分析

本节涉及的调查问题参见附录。

1. 自我控制心理

调查问题【1】的统计结果见表 5 - 2。根据表 5 - 2 可以发现，从"30 岁以下"至"60 岁以上"的五个年龄层中，倾向于投资"派现率低，但股票增值趋势较明显"的投资者占到每个年龄层的绝大多数，所占比例从 75% ~83.75% 不等；而倾向于投资"股票派现率高，但股票增值趋势不明显"的投资者则只占到每个年龄层的 20% 左右，并且也没有体现出在前面所假设的"随着年龄的增长，投资者越看重股利收入，越倾向于投资派现率高的股票"的这一趋势。

表 5 - 2　　　　　　　　投资者自我控制心理调查结果

年龄/岁	您更倾向于投资哪种股票?	回答人数	比例/(%)
30 以下	A. 股票派现率高，但股票增值趋势不明显	13	16.25
	B. 股票派现率低，但股票增值趋势较明显	67	83.75
30 ~ 40	A. 股票派现率高，但股票增值趋势不明显	20	20.62
	B. 股票派现率低，但股票增值趋势较明显	77	79.38
40 ~ 50	A. 股票派现率高，但股票增值趋势不明显	25	17.73
	B. 股票派现率低，但股票增值趋势较明显	116	82.27
50 ~ 60	A. 股票派现率高，但股票增值趋势不明显	22	23.91
	B. 股票派现率低，但股票增值趋势较明显	70	76.09
60 以上	A. 股票派现率高，但股票增值趋势不明显	12	25
	B. 股票派现率低，但股票增值趋势较明显	36	75

由此可见，统计结果不支持假设 1。这意味着，与国外的研究结果所不同，我国证券市场的投资者股利行为不符合自我控制心理，即我国证券市场的投资者不存在利用上市公司股利政策的不同来约束其行为的倾向。这主要是因为，一就派现金额而言，我国上市公司的派现率普遍偏低，许多上市公司只是象征性地派发一点现金，因而相较高昂的购股成本，派现所得显得微不足道，其金额无法满足投资者的日常消费所需。二就派现频率而言，与美国上市公司按季度支付股利，每年 4 次的支付频率相比较，我国上市公司按年度支付股利，每年仅支付 1 次，因而时间上也难以满足投资者的日常消费所需。鉴于此，也就决定了投资者不可能通过不同股利

政策股票的选择以约束或控制其短期行为，从而其股利行为不符合自我控制心理。

2. 理性预期心理

调查问题【2】的统计结果见表 5 - 3。根据表 5 - 3 可以发现，当投资者所持股票的现金股利较上一年有大幅削减时，51.09% 的投资者认为是由于"公司经营状况不佳，利润下滑"导致的，而 23.36% 的投资者则认为是"公司只有账面利润，现金流量不足"造成的。这说明上市公司上一年的派现情况，给了投资者一个心理预期，因而一旦当年派发的现金股利较上一年有大幅削减时，投资者就会审查预料之外股利削减变动的含义，并对其原因作出种种猜想与分析，而绝大多数的投资者认为这与公司的经营状况、营业利润及现金流量直接相关。

表 5 - 3 　　　　　　　　投资者理性预期心理调查结果（上）

当您所持股票的现金股利较上一年有大幅削减时，您一般会认为：	回答人数	比例/（%）
A. 公司经营状况不佳，利润下滑	234	51.09
B. 公司有好的项目需要投资	26	5.68
C. 公司只有账面利润，现金流量不足	107	23.36
D. 公司留存现金用于长远发展	57	12.44
E. 大股东的需要	21	4.59
F. 其他	13	2.84

与调查问题【2】相衔接，调查问题【3】的统计结果见表 5 - 4。根据表 5 - 4 可以发现，当投资者所持股票的现金股利较上一年有大幅削减时，44.76% 的投资者表示"不关心派现多少，继续持有"，55.24% 的投资者则选择出售部分或全部股票，其中：选择"全部出售，用于购买其他股票"的投资者占 11.35%，而选择"出售部分，用于购买其他股票"以

及"出售部分，用于日常消费或其他所需"的投资者则各占 37.78% 与 6.11%。这说明现金股利的大幅削减，不仅使得投资者开始审查与猜想股利削减变动的含义及原因，而且也使得投资者开始重新估计公司及其股票价值，并有可能以此作为判断公司经营前景、未来收益以及是否继续投资的重要依据，因此，当派现大幅削减时，投资者会对股票的去留（抛售或继续持有）作出选择，从而导致股票价格发生变动。

综上可见，统计结果支持假设 2，即我国证券市场的投资者股利行为符合理性预期心理。换言之，投资者对公司的股利分配政策存在着一个心理预期，通常会以上市公司以往的派现情况（特别是最近年度的派现情况）为参照，将其与当年的派现金额进行比较，如果两者存在差异，投资者就会对股利变动的含义及原因进行审度，而且有可能以此来判断公司的经营前景与未来收益，进而对股票的去留作出选择，从而最终使得股票价格发生变动。

表 5 - 4　　　　　　投资者理性预期心理调查结果（下）

当您所持股票的现金股利较上一年有大幅削减时，您一般会：	回答人数	比例/（%）
A. 出售部分股票，用于日常消费或其他所需	28	6.11
B. 出售部分股票，用于购买其他股票	173	37.78
C. 出售全部股票，用于购买其他股票	52	11.35
D. 不关心派现多少，继续持有	205	44.76

3. 心理账户心理

调查问题【4】的统计结果见表 5 - 5。根据表 5 - 5 可以发现，对于派现所得，65.94% 的投资者倾向于"不取出，全部用于继续买股"，23.58% 的投资者倾向于"取出部分，部分用于继续买股"，而选择"全部取出，用于日常消费或其他所需"的投资者为数很少，仅占 10.48%。

表 5 - 5   投资者心理账户心理调查结果

对于派现所得，您一般是：	回答人数	比例/（%）
A. 全部取出，用于日常消费或其他所需	48	10.48
B. 取出部分，部分用于继续买股	108	23.58
C. 不取出，全部用于继续买股	302	65.94

由此可见，统计结果不支持假设 3，即我国证券市场的投资者股利行为不符合心理账户心理。这表明，与国外投资者不同，我国证券市场投资者普遍不具有心理账户心理，换言之，我国绝大部分投资者并没有对股利收入和资本利得进行严格区分，而是将获得的现金股利用于继续买股。其原因与我国证券市场的投资者股利行为不符合自我控制心理的相一致，即由于我国上市公司的派现金额与派现频率都难以满足投资者的日常消费所需，因而，对于派现所得，投资者并没有将其严格区别于资本利得，而是将其作为进一步投资股票、追求资本利得的资金来源。

4. 后悔厌恶心理

调查问题【5】的统计结果见表 5 - 6。根据表 5 - 6 可以发现，在对投资者日常消费所需的资金来源作出限制后，85.81% 的投资者倾向于选择"用获得的股利收入"来满足其日常消费的需要，而只有 14.19% 的投资者倾向于选择"用买卖股票获得的资金"来满足其日常消费的需要。

由此可见，统计结果支持假设 4，即我国证券市场的投资者股利行为符合后悔厌恶心理。尽管前面的调查统计结果表明，我国证券市场的绝大部分投资者并没有对股利收入和资本利得进行严格区分，但是在对其日常消费的资金来源作出限制，即只能在股利收入和资本利得之间进行选择后，可以发现，由于后悔厌恶心理的存在，大多数投资者是不愿出售股票来"自制股利"的。因为后悔是与抉择的责任相联系的，如果投资者接受红利就不需要抉择，也就不必承担与抉择有关的责任，即不必承担卖掉股票以获取现金消费之后，随之而来的股票价格上涨的责任。因此，根据后悔厌恶理论，没有抉择所引起的后悔通常比作了错误抉择所引起的后悔要轻微，故而，为使后悔最小化，绝大多数投资者会倾向于用获得的股利收入，而不是买卖股票所获得的资金，来满足其日常消费的需要。

表5-6　　　　　　　投资者后悔厌恶心理调查结果

对于下列情况，您更倾向于选择：	回答人数	比例/（%）
A. 用获得的500元股利收入购买一台饮水机	393	85.81
B. 用买卖股票所得到的500元购买一台饮水机	65	14.19

5. 启发式偏差心理

调查问题【6】的统计结果见表5-7。根据表5-7可以发现，对于不同的股利分配形式，68.34%的投资者表示更喜好"有送转股题材的股票"；其次是29.21%的投资者认为"无所谓，两者差不多"；而喜好"有派现题材的股票"的投资者所占比例最小，约为12.45%。

表5-7　　　　　　　投资者启发式偏差心理调查结果

对于下列股票，您一般更喜好：	回答人数	比例/（%）
A. 有派现题材的股票	57	12.45
B. 有送转股题材的股票	313	68.34
C. 无所谓，两者差不多	88	29.21

由此可见，统计结果支持假设5，即我国证券市场的投资者股利行为符合启发式偏差心理。从理论上看，送转股对投资者来说是没有任何价值的，这是因为投资者虽然获得了额外的股票，但是其所拥有的股权比例是不变的，并且除权后，股票的市场价格成比例下降，其所拥有股权的总价值也是不变的，所以送转股纯粹是一种"粉饰"意义上的变化，对投资

者而言，仅仅是一种虚拟回报而已。即便如此，送转股却给投资者造成了一种公司善待股东、高比例回报投资者的假象，并且，送转股造成的股价下降，干扰了投资者的正常判断，易使其产生价格幻觉，导致其在缺乏客观理性分析的前提下，认为找到了"质优价低"的股票，从而依靠直觉买入股票。而上市公司正是利用投资者的这一启发式偏差，在没有改变公司基本面的情况下，间接达到提升公司市场价值的目的。

6. 羊群行为

调查问题【7】的统计结果见表 5 - 8。根据表 5 - 8 可以发现，在对投资者的投资行为是否独立的调查中，高达 76.42% 的投资者表示其投资行为易受外界影响，其中：29.26% 的投资者的"投资行为易受其他投资者的影响"，47.16% 的投资者的"投资行为易受舆论或媒体的影响"。而"投资行为独立，不受外界影响"的投资者所占比例相对较低，仅为 23.58%。

表 5 - 8　　　　　　　　投资者羊群行为调查结果

下列哪种投资行为与您最为相符：	回答人数	比例/（%）
A. 投资行为独立，不受外界影响	108	23.58
B. 投资行为易受其他投资者的影响	134	29.26
C. 投资行为易受舆论或媒体的影响	216	47.16

由此可见，统计结果支持假设 6，即我国证券市场的投资者股利行为具有羊群效应。这主要是由于，在信息不完全和不对称的国内市场环境下，投资者掌握的交易信息非常有限，再加上媒体、舆论的诱导，造成投资者盲目跟风和仿效他人决策的行为十分严重。一方面，当市场中的大部分投资者热衷于追求股票的高流动性和短期暴利，而不关注上市公司的股利政策时，其他投资者会予以效仿；另一方面，当媒体与舆论普遍看好或追捧有送股题材的股票时，投资者便会跃跃欲试，并且在对公司的经营状

况缺乏理性分析的情况下，往往会一味跟风纷纷买入，期望能够随大流"分一杯羹"。而管理者则充分利用这种效应，通过"高送配政策"顺利进行融资。

7. 模糊厌恶心理

调查问题【8】的统计结果见表5-9。根据表5-9可以发现，对于上市公司不稳定的股利政策，64.19%的投资者并没有引起足够的重视，其中：32.53%的投资者表示"不关心"，认为获取股利并不是其主要投资目的，31.66%的投资者表示"能够接受"，并且认为公司有根据其经营状况灵活制定股利政策的自由；只有35.81%的投资者则表示"不能接受"，主张公司应重视股东利益，保持相对稳定的股利政策。

由此可见，统计结果不支持假设7，即我国证券市场的中小投资者股利行为不符合模糊厌恶心理。这意味着，对于上市公司不稳定的股利政策，我国证券市场的多数投资者却并没有表现出模糊厌恶心理。其主要是因为：第一，较低的股利回报率，使得投资者根本不关心股利政策，转而倾向于追求资本利得，冀望于通过短线进出、频繁交易以获得短期暴利。第二，对于股利政策的稳定与否，投资者并没有引起足够的重视。有近1/3的投资者竟然表示"能够接受"，认同"公司有根据其经营状况灵活制定股利政策的自由"，却殊不知在不稳定的股利政策背后隐藏的是上市公司对于股东利益的忽视与践踏。因此，也进一步助长了上市公司对于股东利益的忽视，使得不稳定的股利政策成为我国上市公司的普遍现象。

表5-9　　　　　　　　投资者模糊厌恶心理调查结果

对于公司不稳定的股利政策，您的看法是：	回答人数	比例/(%)
A. 能够接受，公司有根据其经营状况灵活制定股利政策的自由	145	31.66
B. 不能接受，公司应重视股东利益，保持相对稳定的股利政策	164	35.81
C. 不关心，获取股利并不是我投资的主要目的	149	32.53

5.2.5　小结

根据以上调查问题的统计结果可知，文中的 7 个假设，除了自我控制、心理账户与模糊厌恶心理不支持原假设外，其余原假设都得到了较好的支持，即我国证券市场的中小投资者行为符合理性预期心理、后悔厌恶心理、启发式偏差心理，并且普遍具有羊群效应。这表明：一方面，西方行为股利理论中的理性预期理论、后悔厌恶理论及其前提假设，在我国同样具有普遍适用性；另一方面，由于市场环境的不同，我国证券市场投资者的非理性心理与行为并不完全类同于西方资本市场的投资者，换言之，我国证券市场投资者的非理性心理与行为可能更具中国特色。而正是基于我国证券市场投资者的种种非理性心理与行为，以及其他迥异于西方资本市场投资者的心理与行为，我国上市公司股利政策的诸多异象也可以由此来加以解释，如"股利分配形式繁杂多样，热衷送转股"可以用我国证券市场投资者普遍具有的启发式偏差及羊群效应的统计结果来解释；"股利政策不稳定，缺乏连续性"可以用我国证券市场投资者普遍不具有模糊厌恶心理的统计结果来解释等。

5.3　我国上市公司管理者理性迎合行为研究

鉴于我国证券市场投资者的非理性，本节拟运用股利迎合理论，来深入研究我国上市公司管理者是否存在理性迎合投资者热衷送转股的股利偏好的行为，即我国上市公司股利决策过程中的非理性现象是否是理性的公司管理者利用投资者的非理性进行套利的结果。

5.3.1　问题的提出

上市公司为什么要支付股利？该现象被布莱克（Black，1976）称为"股利之谜"，而基于标准财务学的经典股利理论一直无法对其作出完整合理的解释。直至 2002 年，贝克和沃格勒立足于行为财务学提出了股利迎合理论。该理论认为，上市公司之所以支付股利主要是为了迎合投资者不断变化的股利偏好，以获得股利溢价。即公司发放现金股利取决于投资者的股利需求，当投资者愿意花较高的价格购买那些发放现金股利的股票时，公司管理者就会迎合这种需求而发放现金股利；反之，当投资者愿意花较高的价格购买那些不发放现金股利的股票时，公司管理者就会迎合这种需求而不发放现金股利，而迎合的最终目的在于获得股利溢价[17]。

然而，长期以来，我国证券市场的大部分上市公司都不愿派发纯现金红利，而为了使得现金较少地流出企业，它们更愿意以纯送转股或混合股利（以送转股为主配合少量现金红利）的形式来发放股利。那么，对于我国上市公司的这种热衷于送转股的股利发放行为，是否也存在理性迎合投资者股利需求的动机呢，而投资者是否对实施送转股的股票确实又赋予了更高的股票价格呢？基于此，该部分拟运用股利迎合理论来对我国上市公司的送转股行为进行研究。同时，由于混合股利中，更多地侧重于送转股，而仅仅配合少量或者象征性的现金股利，所以在本书研究中，将突出混合股利中的送转股特征，即赋予"送转股"更广义的定义或范畴，包括纯送转股与以送转股为主的混合股利两种股利分配形式。

5.3.2　国内外研究现状

我国证券市场上的纯送转股，也就是狭义的送转股，分为送股和公积金转增股本，分别相当于美国的股票股利和股票拆分，即同样导致上市公司外部流通股数量增加、相对每股价格下降，且不涉及现金在股东和企业之间的流动，也不会影响企业的未来现金流等。对于股票股利和股票拆分的行为动机，西方学者们提出了两种最具代表性的假说：信号传递假说和流动性假说。信号传递假说主要是从信息经济学的角度来解释股票股利和股票拆分现象的。该假设认为，上市公司的管理者与投资者之间存在信息不对称，管理者通过股票股利或股票拆分的方式向市场传递了关于公司未来前景的乐观预期，即公司未来盈利的增长会推动送股或拆分后股票价格的上升。流动性假说则认为通过股票股利、股票拆分的方式可以保持或提高股票的流动性，增加股票在交易中的活性。其中最有影响的"最优价格区域假说"认为，管理当局并非刻意通过送股或拆分的方式向市场传递信息，而仅是通过这种方式，使公司的股票价格保持在一定的交易区域内，以利于投资者交易或购买。在该区域内，股票交易的成本最低，流动性最大。显然，最优价格区域假说是基于股票的流动性提出来的。而贝克和加拉赫（Baker & Gallagher，1980）的调查也表明，使股价保持于最优价格，提高股票流动性是美国上市公司发放股票股利和拆分股票的主要原因之一。

目前，国内关于上市公司纯送转股或以送转股为主的混合股利的行为动机的研究，主要集中于以下几个方面。

一是送转股的市场反应。张水泉、韩德宗（1997）[121]，魏刚（1998）[122]，陈晓、陈小悦、倪凡（1998）[104]，陈浪南、姚正春（2000）[123]，俞乔、程滢（2001）[105]，程燕（2002）[106]，严武、潘如璐、石劲（2009）[107]，支晓强、胡聪慧、童盼（2014）[45]等通过实证研究表明，我国证券市场对送转股及混合股利有较强的正向反应，而对单纯现金股利极不敏感，换言之，相较纯现金股利政策，送转股及混合股利存在较为明显的信号传递效应或告示效应。

二是送转股的影响因素。魏刚（2000）[124]，杨淑娥、王勇、白革萍（2000）[125]，赵春光、张雪丽、叶龙（2001）[126]，王咏梅（2003）[127]，杨奇原、李礼（2006）[128]，易颜新、柯大钢、王平心（2008）[129]，薛祖云、刘万丽（2009）[130]，吴平（2010）[131]，胡国柳、李伟铭、张长海等（2011）[132]，王艳娜、孙芳芳（2013）[133]，韦秀仙、刘文、王腾飞（2014）[134]，赵爱玲、赵旭康（2019）[135]等诸多学者对影响送转股行为的相关因素进行了回归分析与研究。

三是送转股的"价格幻觉"假说。何涛、陈小悦（2003）通过对送股和公积金转增股本行为的研究，提出了"价格幻觉"假说，认为公司管理者利用投资者的价格幻觉，通过送转股降低股价，诱导分析能力较差的投资者购买股票，从而在股票填权过程中实现提升企业市值的目的[35]。其后，戚拥军（2011），郑振龙、孙清泉（2013），李心丹等（2014），黄文锋、洪雪珍（2018）的研究均支持了"价格幻觉"假说[46-49]。

综观国内外研究现状可以发现，国外的研究已较成熟，不仅提出且形成了较为完整的行为动机假说，对实务具有较强的指导意义。相较国外研究，目前我国学者对于上市公司送转股的行为动机研究尚处起步阶段，并且已有的研究主要着眼于经典股利理论，而较少涉及行为股利理论在我国的应用。鉴于此，我们拟借鉴国外行为股利研究的最新成果，即股利迎合理论来对我国上市公司的送转股行为动机进行研究，以深入剖析公司管理者是否存在理性迎合投资者热衷送转股的股利偏好的行为。

5.3.3 研究思路及假设

1. 研究思路

在市场时机理论的基础上，贝克和沃格勒（2002）通过放松 MM 股利无关论的有效市场假定，构建了股利迎合理论。该理论认为，投资者对股利的特殊偏好会驱动公司的股利政策变化，或者说理性的管理者会迎合投资者的股利偏好制定股利政策，而迎合的目的是获得股利溢价[17]。

贝克和沃格勒（2003）将股利溢价定义为发放现金股利的公司与不发放现金股利的公司的平均市值账面比（M/B）的差值，意味着投资者在发放现金股利的公司股票上愿意支付的相对价格比在不发放现金股利的股票上支付的相对价格要高[18]。

根据贝克和沃格勒对于股利溢价的定义，并结合我国上市公司非理性股利政策的实际情况——热衷送转股，特对股利溢价进行改造，即将其定义为送转股公司①与纯派现公司的平均市值账面比（M/B）的差值。为此，我们需要计算股利溢价，并根据计算出的股利溢价或股利折价，进而考察我国上市公司管理者是否存在理性迎合投资者热衷送转股的股利偏好的行为，即当股利溢价为正时，我国上市公司管理者是否更多地倾向于送转股；反之，当股利溢价为负，出现股利折价时，我国上市公司管理者则是否更多地倾向于纯派现。

股利溢价的具体计算包括以下几个步骤。

（1）选取样本公司，具体见 5.3.4 节的"研究设计"中的"样本选取"部分。

（2）根据样本公司当年是否纯派现，将其分为纯派现公司和送转股公司两组。

（3）分别计算以上两组样本公司的市值账面比（M/B）的平均值。

（4）计算当年的股利溢价，其计算公式为

$$股利溢价 = 当年送转股公司组的平均市值账面比 -$$
$$当年纯派现公司组的平均市值账面比$$

2. 研究假设

股利迎合理论认为，理性的管理者会迎合投资者的股利偏好制定股利政策，其迎合的目的是获得股利溢价。基于我国证券市场实际，笔者认

---

① 与广义的送转股概念相对应，本书中的送转股公司也包括纯送转股公司和以送转股为主的混合股利公司两种，以区别于纯派现公司。

为，上市公司之所以热衷于送转股是因为相较于纯现金股利而言，送转股更能迎合投资者的股利需求，即投资者更愿意为该类公司股票支付相对较高的价格，上市公司也因之获得股利溢价。因此，可以得到以下假设。

假设 1：为获取股利溢价，公司送转股的概率与投资者股利需求正相关。

并且，由于投资者对高送转股票的喜好，即公司送转股的比例越高，投资者越愿意为该类公司股票支付相对较高的价格，因此，对于理性的管理者来说，其越有可能通过高送转的方式来迎合投资者的股利需求，从而获得更多的股利溢价。由此，可以得到以下假设。

假设 2：为获取更多的股利溢价，送转股公司的送转股比例与投资者股利需求正相关。

5.3.4 研究设计

1. 样本选取及数据来源

（1）样本选取。我们以 2010 年至 2018 年沪深两市的 A 股上市公司为样本，而为了研究的严谨性，需要剔除以下上市公司。首先，剔除当年不分配股利的上市公司；其次，剔除 ST、*ST、S*ST 类的上市公司，因为这类公司连年亏损，股利政策属于非正常的情形，而且其为数不多；最后，剔除金融类上市公司、极少数的特殊上市公司，如股东权益（净资产）为负值，以及数据不完整的公司。这样，2010—2018 年沪深两市的 A 股上市公司就只剩下纯派现公司和送转股公司两类。具体符合以上标准的假设 1 中的样本公司数量见表 5 - 10 中的 2010—2018 年分红公司数，而假设 2 中的样本公司数量则见表 5 - 10 中的 2010—2018 年的送转股公司数。

表 5 - 10　　2010—2018 年沪深两市 A 股分红公司样本数量（Ⅰ）

项目	2010	2011	2012	2013	2014	2015	2016	2017	2018	合计
纯派现公司数/家	542	615	775	818	805	756	993	1126	1138	7568
送转股公司数/家	175	149	97	123	136	221	142	244	207	1494
分红公司数/家	717	764	872	941	941	977	1135	1370	1345	9062

数据来源：根据国泰安（CSMAR）中国上市公司红利分配研究数据库中的有关数据整理而来。

（2）数据来源。本书中的样本数据均来自深圳国泰安信息技术有限公司提供的“CSMAR”数据库，其中包括以下数据库。

①送转股公司数、纯派现公司数、送转股比例：中国上市公司红利分配研究数据库；

②上市公司的资产总额：中国上市公司财务报表数据库；

③投资者股利需求（市值账面比）、资产负债率、每股收益、每股资本公积、每股现金流量：中国上市公司财务指标分析数据库；

④流通股比例：中国上市公司股东研究数据库、中国上市公司治理结构研究数据库。

2. 变量设置与说明

（1）因变量。假设 1 中，作为因变量的公司股利支付情况 DIV（Dividend），在此采用名义变量的方法，即当公司采用送转股的方式支付股利时，取“1”；当公司采用纯派现的方式支付股利时，取“0”。即

$$DIV = \begin{cases} 1, & 公司采用送转股的方式支付股利 \\ 0, & 公司采用纯派现的方式支付股利 \end{cases}$$

假设 2 中，作为因变量的公司送转股比例 PER（Percent），采用公司送股比和转增比的合计数额进行度量。其中：送股比是指每股所送的比率，如每 10 股送 2 股，则送股比为 0.2；转增比是指每股所转增的比率，如每 10 股转增 3 股，则转增比为 0.3。

（2）解释变量。作为解释变量的投资者股利需求（DEMA），由于采用市值账面比（M/B），即"市场价值/账面价值"的数额来进行度量，其与 Tobin Q 值（企业市场价值与期末总资产之比）基本一致，因此，本书中的投资者股利需求将采用 Tobin Q 值进行度量。

（3）控制变量。从现有的研究文献看，影响公司股利的因素有很多，这些因素主要包括：公司规模、资本结构、盈利能力、公积金、自由现金流及股权结构等。

①公司规模，定义为公司总资产账面价值的自然对数值。魏刚（2000）认为，我国上市公司股票股利的分配存在"反规模效应"[129]，即公司规模越小，为吸引新资金和增强竞争力，其扩张的要求往往越强烈，因而股票股利的支付概率则越高；相反，公司规模越大，其筹资渠道较多、资金较充裕、竞争能力也较强，相比之下扩张欲望并不强烈，因而股票股利的支付概率也越低。而基于股票股利和公积金转增股本的共性，由此认为公司规模与公司送转股概率、送转股比例负相关，预期符号均为负。

②公司资本结构，是指公司各种资本的构成及其比例关系，通常用资产负债率来衡量。公司的资产负债率越高，其债务负担就越重，则越可能倾向于发放股票股利，或以公积金转增股本的方式将收益留存于公司内部，从而有助于其改善财务状况，避免财务结构的进一步恶化。由此认为，公司资产负债率与公司送转股概率、送转股比例正相关，预期符号均为正。

③公司盈利能力，是公司回报广大投资者的基础，也是股利发放的基础。然而，刘星、李豫湘（1998）的研究指出，公司盈利能力越强，无论是公司经理层还是股东，更希望通过再投资的方式获得更高的回报，从而倾向于盈余资本化；并且，由于我国没有对超额累积利润征税，由此进一步助长了公司盈余的资本化倾向[136]。因此，我们选取反映公司盈利能力的代表性指标——每股收益，并认为公司每股收益越高，则越可能采用送转股的方式派发股利，即公司每股收益与公司送转股概率、送转股比例

正相关，预期符号均为正。

④公司公积金。我国《公司法》规定，公积金的一项基本用途是转增股本，因而，公积金作为上市公司用于转增股本的资金来源，其在很大程度上反映了上市公司的股本扩张能力。通常，公司的每股公积金数额越大，其相应的股本扩张能力就越强，就越可能采用公积金转增股本的方式来派发股利。因此，我们选取反映公司公积金的代表性指标——每股资本公积，并认为公司每股资本公积与公司送转股概率、送转股比例正相关，预期符号均为正。

⑤公司自由现金流，即公司可以自由支配的现金，是指在不危及公司生存与发展的前提下可供分配给股东和债权人的最大现金额。公司自由现金流越充沛，意味着可分配给公司股东的现金越多，则越有可能发放现金股利；反之，公司自由现金流越少，可分配给公司股东的现金也就越少，则越有可能实施送转股的分配方式。由此认为，公司自由现金流与公司送转股概率、送转股比例负相关，预期符号均为负。

⑥公司股权结构。伴随股市全流通步伐的不断加快，根据沪深交易所披露的数据，截至 2018 年 11 月 7 日，沪深 A、B 股总市值为 45.6746 万亿元，其中流通股市值达到 24.6052 万亿元，占到两市总市值的 53.87%。而流通股比例越高，意味着流通股股东的数量将越多，也即个人投资者和机构投资者的数量将越多。由于现金股利不足以弥补其高市盈率条件下买入股票的投资成本，因此流通股股东偏好送股以及转增股，倾向于在股本的增值中寻求投资回报。由此认为，为迎合流通股股东，公司流通股比例与公司送转股概率、送转股比例正相关，预期符号均为正。

而为了准确反映出投资者股利需求对公司送转股概率及送转股比例大小的影响，则必须控制上述这些因素的影响。基于此，本书将选取能够反映公司规模、资本结构、盈利能力、公积金、自由现金流及股权结构的有关变量作为回归模型的控制变量，具体见表 5-11。此外，还控制了年度变量。

表 5 – 11   控制变量的选取及度量

变量	变量名称	变量度量
LN(ASS)	公司规模	Ln（总资产的账面价值）
ALR	资产负债率	$\dfrac{负债总额}{资产总额}$
EPS	每股收益	$\dfrac{净利润}{总股数}$
PRFPS	每股资本公积	$\dfrac{资本公积金}{总股数}$
FCFPS	每股自由现金流	$\dfrac{自由现金流}{总股数}$
POS	流通股比例	$\dfrac{流通股份}{总股数}$

3. 研究方法与模型构建

（1）假设 1 的研究方法与模型构建。由于所分析的因变量是定性的非连续变量，即送转股和纯派现两种状态，仅能用属性变量 1 或 0 的形式表示。当公司采用送转股的方式支付股利时，用 1 表示；当公司采用纯派现的方式支付股利时，用 0 表示。因此，多元线性回归模型将失效。因为使用多元线性回归来分析多个自变量与一个因变量的关系，因变量要求是正态分布的连续随机变量。

对于定性变量的统计分析方法，在社会学中应用最多的是 Logistic 回归分析。Logistic 回归分析根据因变量的取值类别的不同，又可以分为二元逻辑回归和多元逻辑回归。所以，将采用二元 Logistic（Binary Logistic Regression）回归来建模，具体回归模型为

$$DIV = \alpha_0 + \alpha_1 DEMA + \alpha_2 LN(ASS) + \alpha_3 ALR + \alpha_4 EPS +$$

$$\alpha_5 PRFPS + \alpha_6 FCFPS + \alpha_7 POS + \sum YEAR + \varepsilon \qquad (5.4)$$

（2）假设 2 的研究方法与模型构建。由于所分析的因变量是连续变量，即公司送转股比例，因此，将采用多元线性回归来建模，以分析多个自变量与一个因变量之间的关系，具体回归模型为

$$PER = \beta_0 + \beta_1 DEMA + \beta_2 LN(ASS) + \beta_3 ALR + \beta_4 EPS +$$

$$\beta_5 PRFPS + \beta_6 FCFPS + \beta_7 POS + \sum YEAR + \varepsilon \quad (5.5)$$

由于研究期间为 2010—2018 年，因此，模型（5.4）和模型（5.5）都将采用面板数据（Panel Data），即各样本公司 2010—2018 年的年度数据来分别考察公司送转股的概率、比例与投资者股利需求及各控制变量之间的关系，这主要是因为采用面板数据能够同时反映研究对象在时间和横截面上两个维度的变化规律及不同时间、不同截面单元的特性，它能充分利用样本信息，使研究更加深入，也可以减少变量多重共线性带来的影响。

5.3.5 模型（5.4）的实证结果与说明

1. 描述性统计分析

根据样本公司当年是否纯派现，将样本公司分为纯派现公司和送转股公司两组，两组公司所占分红公司的比例及送转股公司的股利折溢价情况具体见表 5 - 12。由表 5 - 12 可以看到，无论两组公司的平均市值账面比（M/B）的趋势如何，送转股公司的平均市值账面比（M/B）始终高于纯派现公司的平均市值账面比（M/B），即我国投资者对于送转股的需求表现为股利溢价，换言之，我国投资者对于送转股公司股票愿意支付的相对价格高于纯派现公司股票价格。这意味着，由于投资者偏好送转股，相较纯派现公司而言，其更愿意为送转股公司股票支付相对较高的价格。而为了进一步分析我国上市公司管理者是否存在理性迎合投资者热衷送转股的股利偏好的行为，下面拟利用 Logistic 进行回归分析。

表 5 – 12　　　　　　2010—2018 年沪深两市 A 股送转股公司股利溢价情况

项目	2010	2011	2012	2013	2014	2015	2016	2017	2018
纯派现公司数/家	542	615	775	818	805	756	993	1126	1138
纯派现公司所占比例/(%)	75.59	80.50	88.88	86.93	85.55	77.38	87.49	82.19	84.61
送转股公司数/家	175	149	97	123	136	221	142	244	207
送转股公司所占比例/(%)	24.41	19.50	11.12	13.07	14.45	22.62	12.51	17.81	15.39
分红公司数/家	717	764	872	941	941	977	1135	1370	1345
纯派现公司的平均 M/B	2.12	1.54	1.49	1.56	1.80	2.37	1.97	1.68	1.36
送转股公司的平均 M/B	2.31	1.71	1.71	1.95	2.01	3.31	2.11	1.87	1.63
股利溢价①	0.19	0.17	0.22	0.39	0.21	0.94	0.14	0.19	0.27

数据来源：根据国泰安（CSMAR）中国上市公司红利分配研究数据库以及财务指标分析数据库中的有关数据整理而来。

2. Logistic 统计回归分析

（1）各自变量间的相关性分析。在相关变量回归之前，对解释变量和控制变量的多重共线性进行检验，具体见表 5 – 13。根据斯通和拉斯普（Stone & Rasp，1991）的建议，在进行逻辑回归时，独立变量的相关系数绝对值不应超过 0.5，而本书研究变量的相关系数绝对值均未超过 0.5，因此，各变量均可纳入模型（5.4）中。

表 5 – 13　　　　　　模型（5.4）的各自变量的相关系数

变量	相关性	DEMA	LN（ASS）	ALR	EPS	PRFPS	FCFPS	POS
DEMA	Pearson Correlation Sig.（2 – tailed）	1 ．						
LN（ASS）	Pearson Correlation Sig.（2 – tailed）	– 0.162 * 0.012	1 ．					

① 股利溢价 = 送转股公司的平均 M/B – 纯派现公司的平均 M/B。

续表

变量	相关性	DEMA	LN（ASS）	ALR	EPS	PRFPS	FCFPS	POS
ALR	Pearson Correlation Sig.（2 - tailed）	- 0.076 * 0.021	0.106 ** 0.000	1 .				
EPS	Pearson Correlation Sig.（2 - tailed）	0.093 ** 0.000	0.234 0.098	0.007 ** 0.000	1 .			
PRFPS	Pearson Correlation Sig.（2 - tailed）	- 0.154 * 0.024	0.069 0.196	- 0.130 * 0.027	0.633 0.075	1 .		
FCFPS	Pearson Correlation Sig.（2 - tailed）	- 0.034 ** 0.000	0.025 ** 0.000	0.026 * 0.019	0.036 * 0.038	- 0.243 ** 0.000	1 .	
POS	Pearson Correlation Sig.（2 - tailed）	0.064 ** 0.000	0.185 * 0.014	0.192 * 0.033	0.035 ** 0.000	- 0.304 0.106	0.063 0.322	1 .

注：** 表示通过 1% 的显著性检验水平，* 表示通过 5% 的显著性检验水平。

（2）Logistic 回归结果分析。运用 SPSS 统计软件，对模型（5.4）进行 Logistic 回归，回归结果具体见表 5 - 14。其中："B"为逻辑回归系数，"S. E."是回归系数的标准差，"Wald"是回归系数检验的 Wald 统计量值，"Sig."是 Wald 检验的显著性概率。

由表 5 - 14 可知，投资者股利需求的逻辑回归系数为正，且在 1% 水平上显著，这表明公司送转股的概率与投资者股利需求存在显著正相关关系。这也与前面的描述性统计结果相吻合，即在市场出现股利溢价的情况下，投资者对于送转股的需求表现为愿意用相对较高的价格购买该类公司的股票，而正是基于投资者偏好送转股的这种股利需求，使得上市公司采用送转股的方式分配股利的可能性越大。换言之，为获取股利溢价，理性的上市公司管理者往往会迎合投资者的股利需求制定相应的股利政策，所以，当投资者偏好送转股，对其赋予溢价时，公司管理者送转股的意愿就会加强。由此可见，投资者的送转股股利需求对公司是否送转股有着重要的影响，这也与股利迎合理论的观点相一致。另外，各控制变量的逻辑回归系数符号均与预期符号一致，且都通过了 1% 或 5% 的显著性检验。其中：公司规模、每股自由现金流均与公司送转股的概率在 1% 水平显著负相关；公司资产负债率、每股收益、每股资本公积均与公司送转股的概率在 1% 水平显著正相关；公司流通股比例与公司送转股的概率在 5% 水平显著正相关。由此可见，回归结果与假设 1 一致，因此假设 1 成立。

表 5 – 14   模型（5.4）的 Logistic 回归结果

变量	预期符号	B	S. E.	Wald	df	Sig.	Exp（B）
DEMA	+	0.988 ***	0.123	65.365	1	0.000	2.336
LN（ASS）	–	– 0.217 ***	0.063	32.956	1	0.000	0.864
ALR	+	1.583 ***	0.152	82.463	1	0.000	10.134
EPS	+	0.874 ***	0.116	48.927	1	0.000	2.793
PRFPS	+	0.466 ***	0.038	76.343	1	0.000	1.614
FCFPS	–	– 0.284 ***	0.046	21.798	1	0.000	0.577
POS	+	0.939 **	0.431	7.316	1	0.012	2.684
年度固定效应	控制	控制	控制	控制	控制	控制	控制
Constant		2.050 *	1.131	2.975	1	0.072	7.633
Nagelkerke R Square	0.276						
Chi – square test of model's fit	973.256（Sig. =0.000）						
N	9062						

注：*** 表示通过 1% 的显著性检验水平；** 表示通过 5% 的显著性检验水平；* 表示通过 10% 的显著性检验水平。

5.3.6 模型（5.5）的实证结果与说明

1. 描述性统计分析

2010—2018 年的送转股公司样本总数为 1494 个，各年度的样本数见

表5－10，主要变量的描述性统计结果见表5－15。由该结果可知，投资者股利需求，由最小值0.153到最大值122.189不等，均值为2.112，说明投资者对于送转股公司的股票所赋予的市值账面比（M/B）是参差不齐，且存在显著差异的。对应于投资者股利需求，送转股公司的送转股比例也是相差悬殊，从最低的5%到最高的300%不等，这说明送转股公司的管理者有可能存在理性迎合投资者高送转股利需求的倾向，即当投资者热衷于高送转，愿意花更高的价格来购买该类股票时，理性的管理者则更可能采用高送转的方式来派发股利，从而以获取更多或超额的股利溢价。并且，从表5－15中可以看到，送转股比例均值为57%，说明我国沪深两市A股上市公司中的送转股公司的送转股比例普遍较高。此外，控制变量中每股资本公积、流通股比例的均值较高，而每股自由现金流的均值为负值，说明样本公司（送转股公司）在选择股利分配方式的过程中，对以上影响因素都进行了较为周全的考虑；换言之，这些因素的综合作用，也为公司送转股及其送转股比例的高低创造了可能条件。

表5－15　　　　　　　　　　**模型（5.5）的主要变量的描述性统计**

变量	样本数量	最小值	最大值	均值	标准差
PER	1494	0.05	3	0.570	0.182
DEMA	1494	0.153	122.189	2.112	2.710
LN（ASS）	1494	17.641	28.194	22.391	0.924
ALR	1494	0.019	0.934	0.450	0.158
EPS	1494	－1.375	15.378	0.768	1.213
PRFPS	1494	－0.740	24.333	1.330	1.445
FCFPS	1494	－21.567	14.185	－0.423	1.766
POS	1494	0.080	1.000	0.532	0.169

2. 多元回归统计分析

（1）各自变量间的相关性分析。在进行多元回归分析之前，同样需要对各自变量之间的多重共线性进行检验，具体结果见表 5 - 16。由表 5 - 16 可知，尽管一些自变量间存在显著相关性，但是相关系数的绝对值都较小，均未超过 0.5（Stone & Rasp，1991），因此，各自变量均可纳入模型（5.5）中。此外，在 Collinearity Statistics 的回归方程中（见表 5 - 17），多重共线性检验结果显示，共线性检验值 Tolerance 均大于 0.1，VIF 值均小于 2（临界值为 10），说明回归方程不存在严重的多重共线性问题。

表 5 - 16　　　　　　　　　模型（5.5）的各自变量的相关系数

变量	相关性	DEMA	LN（ASS）	ALR	EPS	PRFPS	FCFPS	POS
DEMA	Pearson Correlation	1						
	Sig.（2 - tailed）	.						
LN(ASS)	Pearson Correlation	- 0.126 *	1					
	Sig.（2 - tailed）	0.013	.					
ALR	Pearson Correlation	- 0.180 **	0.137	1				
	Sig.（2 - tailed）	0.000	0.051	.				
EPS	Pearson Correlation	0.145 **	0.463	- 0.062	1			
	Sig.（2 - tailed）	0.005	0.287	0.114	.			
PRFPS	Pearson Correlation	- 0.019 **	0.079 **	- 0.314 **	0.285 **	1		
	Sig.（2 - tailed）	0.000	0.000	0.000	0.000	.		
FCFPS	Pearson Correlation	- 0.219	- 0.067	0.154 **	- 0.015 *	- 0.163	1	
	Sig.（2 - tailed）	0.162	0.332	0.000	0.014	0.431	.	
POS	Pearson Correlation	0.077 *	0.102 **	0.195 **	- 0.018	- 0.054 **	- 0.021	1
	Sig.（2 - tailed）	0.036	0.000	0.000	0.313	0.000	0.584	.

注：** 表示通过 1% 的显著性检验水平，* 表示通过 5% 的显著性检验水平。

（2）多元回归结果分析。运用 SPSS 统计软件，对模型（5.5）进行多元回归，回归结果见表 5 - 17。从表 5 - 17 可知，投资者股利需求的回归系数为正，且在 1% 水平上显著，这与我们的假设 2 相一致，即样本公司的送转股比例与投资者股利需求显著正相关。同时，也进一步验证了前面的描述性统计结果，即当投资者热衷于高送转，愿意花比低送转股票更高的价格来购买该类股票时，理性的管理者则会迎合投资者的这种股利需求，采用高送转的方式来派发股利，从而以获取更多或超额的股利溢价。由此可见，投资者股利需求不仅对公司送转股概率的高低有着重要的影响，而且对其送转股比例的高低也有着重要的影响，因此，假设 2 成立。此外，除流通股比例（POS）外，其他各控制变量的回归系数符号均与预期符号一致，其中：公司资产负债率、每股收益、每股资本公积与公司送转股比例在 1% 水平显著正相关；每股自由现金流与公司送转股比例在 1% 水平显著负相关。而公司流通股比例与公司送转股比例在 1% 水平显著负相关，与预期符号相反，这意味着公司流通股比例越高，其送转股的比例反而越低。这可能是因为，尽管流通股股东偏好送股以及转增股，倾向于在股本的增值中寻求投资回报，并且伴随大小非解禁以及全流通时代的到来，理性管理者会越来越多地倾向于迎合流通股股东的意愿，但是，其迎合的根本出发点，并不是公司流通股所占比例的大小，而是投资者股利需求的高低，即流通股股东是否对高送转股票赋予更高的市场价值（股票价格），若赋予，且送转股比例越高，赋予的市场价值越高，那么，公司管理者相应的送转股比例就会越高。同时，对于送转股公司来说，其流通股比例均值为 0.532（见表 5 - 15），说明流通股所占比例普遍较高，因此，有可能流通股在达到一定比例后，公司送转股比例反而与其呈现出一种负相关关系。

表 5 -17　　　　　　　　　模型（5.5）的多元回归结果

变量	预期符号	回归系数		标准化回归系数	t	Sig.	Collinearity Statistics	
		B	Std. Error	Beta			Tolerance	VIF
Constant		- 0.231	0.187		- 0.654	0.351		
DEMA	+	0.166 ***	0.025	0.213 ***	3.480	0.000	0.437	1.683
LN（ASS）	-	- 0.034	0.018	- 0.067	- 1.598	0.120	0.762	1.775

续表

变量	预期符号	回归系数		标准化回归系数	t	Sig.	Collinearity Statistics	
		B	Std. Error	Beta			Tolerance	VIF
ALR	+	0.326***	0.074	0.235***	4.574	0.000	0.565	1.322
EPS	+	0.013***	0.009	0.032***	1.109	0.000	0.631	1.649
PRFPS	+	0.083***	0.008	0.227***	5.545	0.000	0.789	1.397
FCFPS	−	−0.046***	0.017	−0.194***	−3.877	0.002	0.842	1.126
POS	+	−0.208***	0.088	−0.157***	−2.349	0.000	0.664	1.323
年度固定效应	控制	控制	控制	控制	控制	控制	控制	控制
N	1494							
F 值	62.353（Sig. =0.000）							
R Square	0.316							

注：*** 表示通过 1% 的显著性检验水平；** 表示通过 5% 的显著性检验水平；* 表示通过 10% 的显著性检验水平。

5.3.7 小结

本书该部分运用股利迎合理论，在对股利溢价进行改造的基础上，即将其定义为送转股公司与纯派现公司的平均市值账面比（M/B）的差值，利用 Logistic 模型以及多元回归模型来探讨我国上市公司管理者是否存在理性迎合投资者热衷送转股的股利偏好的行为，研究结果表明：理性的公司管理者在决定股利分配方式时，通常会在追求基础价值最大化、追求短期股价最大化和追求长期投资者利益最大化中作出适当权衡。而由于我国证券市场投资者对送转股的股利需求表现为股利溢价，即较之纯派现公司股票，投资者更愿意用相对较高的价格来购买送转股公司的股票，因此，为获取股利溢价，我国上市公司管理者倾向于通过送转股的方式来迎合其股利需求。同时，在送转股公司中，投资者股利需求的高低（其标准化回归系数较高，见表 5–17），也是其理性管理者决定其送转股比例高低的一个重要因素，即投资者是否对高送转股票赋予更高的市场价值（股票价格），若赋予，且送转股比例越高，赋予的市场价值越高，那么，理性的公司管理者相应的送转股比例就会越高。而其迎合的目的，则是获取更高的股利溢价。由此可见，投资者股利需求不仅对公司送转股概率的高低有着重要的影响，而且对其送转股比例的高低也有着重要的影响，也因此表明，我国上市公司管理者确实存在理性迎合投资者热衷送转股的股利偏好的行为，而迎合的目的，则是追求公司短期股价最大化，以获取股利溢价。

第6章 我国上市公司非理性股利政策的研究（Ⅱ）：基于管理者非理性框架

同第5章相对应，本章将研究公司管理者的非理性行为对我国上市公司股利政策的影响。在本章中，假定投资者是理性的，市场是一个效率市场，但是公司管理者是非理性的，进而考察管理者的非理性行为与我国上市公司股利政策之间的关系，即管理者的非理性行为是否影响我国上市公司的股利政策？如果影响，是如何影响的？

6.1 管理者非理性框架的理论分析

6.1.1 管理者非理性的界定

所谓管理者非理性，是指管理者的行为偏离了理性预期以及期望效用最大化的目标，即管理者认为自己的行为是最大化企业价值，但是事实上，他的非理性思维等导致其偏离了这一目标。

企业管理者之所以普遍存在非理性行为，主要是因为管理者在最大化企业价值的过程中存在两个关键的行为阻碍。

（1）管理者自身主观因素造成的行为阻碍。这是因为管理者作为个体而言，不可能拥有完全、理性的处理信息的能力，他们同投资者一样也具有各种心理偏差，如过度自信、后悔厌恶、习惯行为等。并且，较之一般的投资者，管理者可能更容易过度自信。首先，管理者通常是一些比较成功的人士，因为一般来说不成功的管理者很难留任或得到提升，而这些成功的管理者通常会由于自我归因偏差，即过高估计自己在成功中所起的作用而变得过度自信。其次，当人们认为自己可以控制事件的结果时，则更容易过度自信。马奇和夏皮拉（March & Shapira，1987）的研究表明，企业管理者常常低估公司面临的不确定性，并且相信自己在很大程度能够控制公司的业绩[137]。最后，当人们在某一事件上投入了大量的时间与精力时，他们更容易过度自信。吉尔森（Gilson，1989）的研究表明，企业管理者的个人财富、声望等通常在很大程度上同其管理的企业的业绩相关联，因此一般而言，企业管理者在时间与精力方面对企业的投入也相对较多[138]，也由此导致其更容易过度自信。

（2）企业外部的客观因素的影响对管理者认知造成的行为阻碍，如外部市场的非理性因素对公司管理者的影响。席勒将资本市场的非理性因素划分为两大类：一类是催化因素，包括互联网技术、胜利主义和外国经济对手的衰落、赞美经营成功或其形象的文化变革、资本收益税的削减、生育高峰、媒体的大量报道、分析师乐观的预测、缴费养老金方案的推广、共同基金的发展、通货膨胀的回落及货币幻觉的影响、交易额和赌博机会的增加等；另一类是放大因素，包括投资者的高度信心、对未来股市的期望及其对股票需求产生的影响、对市场的情感和关注的增强等。这些放大因素，是通过反馈机制来实现的。在反馈理论中，最初的价格上涨或下跌会导致更高的价格上扬或下挫，并且以此类推，催化因素的最初作用会被放大，从而产生远比其本身所能形成的大得多的价格上涨或下跌，并由此导致资本市场的非理性繁荣或衰退。

由于以上行为阻碍的存在，管理者可能作出非理性的决策，从而导致企业价值损失，偏离最大化企业价值这一目标。谢夫林（1999，2001）把这种管理者的非理性带来的成本，即企业价值损失，称之为行为成本[139-140]。需要注意的是，行为成本不同于制度经济学中的股东与管理者之间因委托代理关系而产生的代理成本。因为后者的存在主要根源于股东与管理者之间目标函数的不一致以及信息不对称等原因，这与行为成本的存在根源是截然不同的。

由上可知，管理者非理性被定义为：管理者相信自己是在最大化企业价值，但是事实上其非理性行为偏离了这一目标。而代理成本将不在本书的分析框架之内。

6.1.2 管理者非理性的主要表现：过度自信

心理学研究表明，人群中相当部分的个体是自我中心性的，总是对自己的知识和能力、判断和决策及掌握信息的精确性表现出过于自信。例如，当人们判断自己在80%的情况下正确时，其实他们的正确率只有60%左右；而当他们判断自己在70%的情况下正确时，其实他们的正确率只有50%左右。这种过高估计自己对事件判断的准确性的现象，即过度自信在人类社会中普遍存在，因而，德邦特和塞勒（Debondt & Thaler，1995）指出，在心理学领域有关个人判断的研究成果中，最强的结论就是人们是过度自信的，从而认为过度自信或许是人类最为稳固的心理特性[141]。过度自信在许多职业领域里都有所表现，如工程师、医生、护士、律师、管理者以及创业家等（Bazerman，1990）。其中，公司管理者作为一类特殊的群体，其拥有的信息优势、专业知识和经验等决定了他们的过度自信倾向比一般人更为明显，因此，过度自信也被认为是有关管理者认知偏差中"最经得起考验的发现"，而本章所论及的管理者非理性，也将主要围绕管理者过度自信进行研究。

所谓管理者过度自信，是指管理者过分相信自己的判断能力，高估自已成功的概率和私人信息的准确性。许多研究结果表明，企业管理者是过度自信表现更为显著的群体。库珀、邓克尔伯格和吴（Cooper & Dunkel-berg & Woo，1988）通过调查后发现，美国创业企业家们总是高估自己企业的成功率，认为其高达81%，而其他企业的成功率只有59%。其中，相信自己成功率为100%的人高达33%，而相信别人成功率为100%的人则只有11%。但是，其后的跟踪调查结果显示，这些企业真正成功的概率只有34%，与他们自己先前的估计相去甚远。由此说明过度自信心理在美国创业企业家中较为普遍[142]。其后，兰迪埃和塞斯马（Landier & Thesmar，2004）对法国创业企业家进行了类似的调查，结果发现高达56%的创业企业家认为自己的企业能够顺利存活下去，而认为有可能经历困难的则只有6%；然而三年后的调查结果显示，真正存活下来的企业只有38%，而经历诸多困难的企业则为17%[143]。该结果也进一步验证支持了库珀等（1988）的调查结果。企业管理者的这种过度自信的个性特质，不仅在创业企业如此，在成熟企业里也很普遍。基德和摩根（Kidd & Morgan，1969）发现，电力企业管理者往往低估生产设备停工的可能性[144]。梅罗、菲利普斯、迈尔斯（Merrow & Phillips & Myers，1981）的调查发现，美国能源行业的企业管理者经常低估设备的投资成本，而实际成本则高达两倍以上[145]。斯塔特曼和特比（Statman & Tyebjee，1985）的调查表明，在军事设备、制药、化工等研发项目决策上，企业管理者对于成本和销售预测也都普遍存在过度乐观现象[146]。郝星、刘星、林朝南（2005）认为，在我国实施股权激励的上市公司中，约四分之一的企业管理者具有过度自信行为特征[147]。

基于这种过度自信的个性特质，企业管理者往往会高估公司现金流的成长性，而低估公司现金流的风险；高估自己的能力以及自己所作决策的正确性；并且认为公司股票被市场低估等。所有的这些都将对公司的财务决策与经营活动造成不同的影响。

6.1.3　对投资者的假定

在"管理者非理性"框架下，我们假定投资者是理性的，即市场是一个有效市场。

投资者理性主要包含以下方面：第一，投资者是理性的，即投资者对信息可以作出无偏估计，可以基于所获得的信息作出最优投资决策；第二，投资者是同质的，即投资者之间无差别，他们是一样理性的，对未来经济的预测均是客观、公正的；第三，投资者是风险厌恶型的，即投资者在投资决策过程中，针对既定的收益总会选择风险最小的投资组合，反之，针对既定的风险总会选择收益最大的投资组合；第四，投资者面对不同资产的风险态度是一致的。

市场有效性则是指市场上各种金融产品价格的信息有效性以及各种金融产品配置的有效性。换言之，市场上各种金融产品的价格中已经包含了所有信息，可以充分体现可获信息变化的影响，因此，在任何时候，都可以将其视为真实的投资价值。有效市场假说主要由三个逐渐弱化的假设组成：第一，假设投资者是理性的，因此投资者可以更理性地评估资产价值；第二，即使有些投资者在某种程度上非理性，但是由于他们之间的交易是随机进行的，所以非理性会相互抵消，也不会影响资产价格；第三，即使投资者的非理性行为并非随机而是具有相关性，但是他们在市场中将会遇到理性的套期保值者，后者将消除前者对价格的影响。由此可见，尽管理性投资者的行为会导致有效市场，但是市场的有效性并不完全依赖于投资者的理性。在很多情况（如第二种和第三种情况）下，虽然投资者是非理性的，但是市场仍然被认为是有效的。

6.1.4　管理者非理性框架的基本内涵

在"管理者非理性"框架下，管理者是非理性的，但是投资者是理性的，市场是一个效率的市场。由于公司管理者直接掌控着公司的经营管理以及财务决策，因而其非理性行为通常会导致其财务决策背离最大化企业价值这一目标。同时，由于管理者的这种非理性行为主要源于决策过程中所存在的行为障碍，因而代理成本将不在本书的分析框架之内。即在该框架下，我们并不讨论管理者和所有者之间的委托代理关系，仅关注管理者的非理性心理对公司股利决策的影响。并且，根据前面的论述可知，由于过度自信被认为是有关管理者认知偏差中"最经得起考验的发现"，所以在"管理者非理性"框架下，将主要围绕管理者过度自信对公司股利决策的影响来进行研究。

6.2　管理者过度自信与公司股利决策的逻辑分析

对于一个从所有股东利益出发的过度自信的管理者来说，尽管其所有决策，包括投资、融资及股利决策等的出发点，都是为了最大化企业价值，或是最大化公司所有投资者的财富，但是由于他对项目质量的判断迥异于理性的管理者，即过度自信的管理者会过分高估项目的信号精度以及对信号过度反应，所以其决策往往会偏离以上目标。具体表现为：在日期 0，公司起始现金 $C_0 > 0$，一个理性的管理者观察到一个项目提供给企业的信号 S。该信号是正态分布的，均值等于项目质量 Y，精度为 η_s。项目质量的期望值取决于信号 S，用 Bays 规则计算为

$$y(s) \equiv \mathrm{E}[Y \mid s] = \frac{\eta_y \mu_y + \eta_s s}{\eta_y + \eta_s} \tag{6.1}$$

同时，对于一个理性的管理者来说，其投资、融资以及股利政策取决于信号 S 的以下方式。

（1）对于最低的信号值，即 $S \leqslant \underline{S}$：不投资；也不募集外部资本；起始现金 C_0 以红利的方式支出。

（2）对于较高的信号值，即 $\underline{S} < S < S'$：投资为正值，但是小于起始现金 C_0，投资是 S 的增函数；红利是正值，但是 S 的减函数；不募集外部资本。

（3）对于更高点的信号值，即 $S' < S < S''$：投资等于起始现金 C_0；不宣告支付股利；不募集外部资本。

（4）对于最高的信号值，即 $S > S''$：投资超过 C_0，且是 S 的增函数；不宣告支付股利；外部募集到的资本是 S 的增函数。

由上可知，S 值的范围可以被分为 4 个连续区域且对应不同的公司投资、融资以及股利政策。其中：

第一个区域为全额支付区域，信号值很低，以至于理性的管理者认为任何投资的回报都是负值。在这个区域，全部现金 C_0 被用于股利支付。

第二个区域为部分支付区域，信号值较高，以至于理性的管理者认为，如果部分投资则边际回报为正值，如果全部现金 C_0 投资进去则边际回报为负值。因此，理性的管理者投入部分现金 C_0，余下部分用于股利支付。

第三个区域为零支付区域，信号值更高，以至于理性的管理者认为投资 C_0 的边际回报为正，但是低于外部融资的成本，因此，理性的管理者投资全部的 C_0，但是不会募集外部资本。

第四个区域为负支付区域，信号值最强，理性的管理者认为投资 C_0 的边际回报超过外部融资的边际成本，因此，理性的管理者募集外部资本，投资高于 C_0。

在部分支付区域和负支付区域，投资、外部融资分别是信号 S 的增函数，而股利是信号 S 的减函数。

然而，对于一个过度自信的管理者来说，他会高估他所观察到的信号精度。具体而言，一个过度自信度 $C > 1$ 的管理者认为信号 S 的精度为 $C\eta_s$，高于其实际的信号值。而基于被高估的信号值，他估计的项目质量的期望值为

$$y(s,\ C) \equiv \mathrm{E}[\,Y\,|\,s,\ C\,] = \frac{\eta_y \mu_y + C \eta_s s}{\eta_y + C \eta_s} \tag{6.2}$$

当信号高于平均值时，理性的管理者会提高他对项目质量的期望值，过度自信的管理者也会如此，但是过度了，以至于他所得到的项目质量的期望值比理性的管理者高；当信号低于平均值时，理性的管理者会降低他对项目质量的期望值，过度自信的管理者也会如此，但是也过度了，即相较理性管理者，他得到的项目质量的期望值会过低。

这种对于信号的过度反应，通常会导致过度自信的管理者对于项目的过度乐观或过度悲观。一般来说，在信号强的情况下，他的过度乐观会导致其投资过多在项目上（相对于一个理性的管理者来说）；而在信号低的情况下，他的悲观会导致其不投资在项目上，但是这种行为同理性的管理者是没有区别的。因此，管理者过度自信会导致过多投资，而不是过低投资。换言之，管理者越是过度自信，其投资决策则越可能被扭曲，进而直接导致股利决策以及外部融资决策的扭曲。具体来说，对应于前面所提及的信号 S 的四个连续区域，过度自信的管理者会作出以下决策。

首先，在第一个区域，由于信号值很低，过度自信的管理者会对项目过度悲观，但是无论是理性的管理者，还是过度自信的管理者，都不会进行项目投资，因而，全部现金 C_0 都被用于支付股利。

其次，在其余的 3 个区域，过度自信的管理者会高估信号值，即会高估投资的边际回报率，而由于投资、外部融资分别是信号 S 的增函数，而股利是信号 S 的减函数，因而，过度自信的管理者支付的股利会少于理性的管理者，而他募集的外部资本则会相应地多于理性的管理者。

基于以上的逻辑及理论分析，可以初步得出以下结论：相较理性管理者而言，过度自信的管理者所经营的公司的现金股利支付水平会较低。而为了进一步验证该结论的正确性，接下来将进行具体的实证检验。

6.3 管理者过度自信与公司股利决策的实证研究

相较西方成熟经理人市场，我国的经理人市场远未成熟，管理者的非理性行为很可能更为突出，那么我国公司管理者是否也存在过度自信？如果存在，该行为对公司股利决策会产生怎样的影响？鉴于此，本书将着重探讨管理者过度自信与公司股利决策之间的关系。

6.3.1 理论分析与假设的提出

自 1986 年罗尔（Roll）首次提出管理者"狂妄自大（Hubris Hypothesis）"假说，并用于解释企业的非效率性并购以来，管理者过度自信便开始出现于人们的视野，且逐渐引起各方的广泛关注。然而，综观国内外目前现有的关于管理者过度自信对公司财务决策影响的研究，其主要集中于公司投融资决策方面，特别是投资，而很少涉及股利决策。究其原因，其主要是因为：一是缺乏衡量管理者过度自信的有效指标，以及与之相关数据的难以取得；二是基于这样一种逻辑认识，也是更深层次的原因，即股利分配仅是公司经营过程阶段性完成后对其利润进行分配的自然产物，也就是管理者过度自信的决策并未把股利政策纳为直接的考虑事项，或者说管理者的过度自信对公司的股利政策只有间接性影响。然而，果真如此吗？在股东权益受到合法保护的条件下，管理者在投资及融资决策时，必然会受到股利政策的约束。如果股利政策不能让股东接受，那么不仅管理者的投资预算或方案会受到股东的抵制或反对，而且管理者通过股利政策来获得内源性资金的计划也会受到股东的抵制、反对甚至否决。因此，在"股东利益至上"的理念与制度条件下，股利政策不仅不是管理者投资与融资时顺带考虑的附属品，相反甚至是管理者需要首要考虑的事项，否则是否被解聘尚未可知，更谈何过度自信地融资与投资？退言之，即便股东权益保护尚不充分，管理者即使忽视中小股东的要求，也绝不敢忽视大股东，特别是控股股东的要求。因此，管理者的过度自信首先会表现在股利政策上，即自信其推出的股利政策，比如注重长期发展能被股东所接受，也就是说管理者的过度自信应与股利政策有着直接性的联系。

管理者的过度自信反映到股利政策上主要是两种成分：控制幻觉与过度乐观。控制幻觉是指，我推出的股利政策就这样了，你能奈我何？过度乐观是指，我推出的股利政策能让您（股东）在长期中获得更大的利益，请相信我。在西方成熟资本市场条件下，过度乐观是其主要成分，因为管理者不得不在"股东利益至上"下低头，西方在这方面的财务研究文献也反映了这点。而在中国，代理者是"领导"的制度条件下，控制幻觉则是其主要成分。

马尔门迪埃、泰特、严（Malmendier & Tate & Yan，2007，2015）通过实证研究发现，过度自信的 CEO 往往认为其公司价值被低估，因而不愿意通过昂贵的外部渠道来筹集资金，从而导致了融资次序选择，即过度自信的 CEO 更倾向于内部融资而非外部融资[148-149]。而由于股利政策其实质属于公司内源融资策略之一，因此，本·大卫等（Ben David et al.，2007）的研究表明，相较于理性的 CEO，过度自信的 CEO 更倾向于较少分配现金股利以增强内部融资的能力[150]。此外，德什穆赫、戈埃尔、豪（Deshmukh，Goel & Howe，2009，2013），黄莲琴、屈耀辉、傅元略（2011）、胡秀群、吕荣胜、曾春华（2013）的研究也发现，过度自信的 CEO 经营的公司的现金股利支付水平普遍较低，都倾向于通过支付较少的现金股利来获得较高的内部资金[151-154]。这不仅与本·大卫等的研究结果是一致的，而且也与 6.2 节所得出的逻辑分析的初步结论是一致的。由此，我们认为管理者过度自信程度越高，就越可能让股利政策成为其扩张性投资与融资决策的工具，就越可能推出非现金的股利政策。这可以反映在两个方面:一是采用送转股①的非纯现金股利政策;二是即便支付现金股利,其现金股利支付率也比较低。因此,提出以下两个假设。

假设1:管理者过度自信程度越高,上市公司推出非纯现金股利政策的可能性越大。

假设2:管理者过度自信程度越高,上市公司的现金股利支付率就越低。

6.3.2 研究设计

1. 样本选取及数据来源

(1)样本选取。

①假设1的样本选取。假设1的样本选取标准与5.3节的样本选取标准一致,其样本公司数量见表5-10中的2010—2018年各年分红公司数。

②假设2的样本选取。假设2在假设1的样本公司基础上,进一步剔除了现金股利支付率为负值的上市公司②,具体符合标准的样本公司数量见表6-1中的2010—2018年各年分红公司数。

表6-1　　　　2010—2018年沪深两市A股分红公司样本数量（Ⅱ）

项目	2010	2011	2012	2013	2014	2015	2016	2017	2018	合计
纯派现公司数/家	540	609	761	812	785	739	967	1116	1121	7450
送转股公司数/家	172	148	94	116	130	208	138	244	206	1456
分红公司数/家	712	757	855	928	915	947	1105	1360	1327	8906

数据来源:根据国泰安（CSMAR）中国上市公司红利分配研究数据库中的有关数据整理而来。

---

①　同第5章,本章中的送转股同样为广义的送转股,如果没有特别的说明,均包括纯送转股与以送转股为主的混合股利两种。
②　由于现金股利支付率为负值的公司都为非正常派现公司,即税后利润为负值,但是仍然派发现金股利的公司,所以予以剔除。

（2）数据来源。本书中的样本数据均来自深圳国泰安信息技术有限公司提供的"CSMAR"数据库，其中包括以下几个数据库。

①送转股公司数、纯派现公司数、股利支付率：中国上市公司红利分配研究数据库；

②管理者过度自信：用于度量管理者过度自信程度的投资额及资产总额数据均来自 CSMAR 中国上市公司财务报表数据库；

③上市公司的资产总额：中国上市公司财务报表数据库；

④资产负债率、每股收益、每股资本公积、每股现金流量：中国上市公司财务指标分析数据库；

⑤流通股比例：中国上市公司股东研究数据库、中国上市公司治理结构研究数据库。

2. 变量设置与度量

（1）被解释变量。本章要解释的是上市公司的股利政策，与 6.3.1 节提出的两个假设相对应，我们提出两个被解释变量：一是关于股利支付方式的逻辑或虚拟变量，令为 DIV（Dividend），当公司采用送转股的方式支付股利时，取值为"1"；当公司采用纯派现的方式支付股利，取值为"0"。二是关于现金股利支付水平的连续变量，它为股利支付率 DPR（Dividend Payment Rate），用公司支付的现金股利总额所占公司税后利润的比例来度量，即 $DPR = \dfrac{现金股利}{税后利润}$。

（2）解释变量。本章研究的解释变量是管理者的过度自信程度。关于它的度量一直是行为财务学研究的难题。截至目前，国内外学者提出或应用的代表性方法主要有：①马尔门迪埃和泰特（2005）提出以行权期内管理者持有本公司的股票或股票期权的数量是否净增长作为衡量管理者是否过度自信的指标，因为他们认为，由于人力资本的专用性，使得管理者较普通员工面临更大的公司特定风险，因而倾向于在适当时机减持自己的公司股权；若继续持有甚至购买增持公司股权则说明他们对公司未来抱乐观态度[92]。②奥利弗（Oliver，2005）提出以消费者情绪指数来衡量管理者的过度自信程度。密歇根大学通过电话访问调查公众对当前及预期的经济状况的个人感受并以此为基础编制成指数[155]。③林、胡、陈（Lin & Hu & Chen，2005）提出根据管理者盈余预测来判断管理者是否过度自信。如果 CEO 对未来的结果是乐观的，他们更可能提供向上偏误的预测；如果 CEO 向上偏误预测的次数多于向下偏误预测的次数，就视其为过度乐观[156]。④林炳轩（Bing - Xuan Lin，2008）等用 ROA，ROE 和 CAR 来衡量管理者过度自信。其理由是，在资本市场有效性不足的情况下，利润是衡量管理者业绩的重要指标，它的增长或下降将影响管理者的自信心[157]。⑤余明桂、夏新平、邹振松（2006）以国家统计局网站公布的企业景气指标来代表管理者的过度自信程度[158]。

我们先对这些度量方法进行简要评价。第五种方法只能得到各个行业的景气指数，也即只能得到各个行业的企业家自信程度的平均水平，而不能获得对某公司管理者的信心及其过度程度的具体衡量，因而用于宏观性的经济问题研究尚可，而难以用于财务这种比较微观的实证研究。第四种方法只能说明 ROA 等业绩指标对管理者的信心具有反馈作用，或是其影响因素（变量），用影响因素或变量来度量因变量 $f(x)$ 显然忽视了其复杂的函数关系或影响机制，因而缺乏科学依据，有隔靴搔痒之感。第三种方法用预测、理想与实际、现实之间的差距来衡量管理者过度自信，在理论上是较好方案，但是由于我国对上市公司盈余预测并未做强制性披露要求，实践中也难以获得相关数据，因而其应用性尚待制度条件的改进。第二种方法其实也是适用于宏观性经济问题的研究，而且消费者的信心程度往往与管理者的信心程度存在不同的偏差，这种替代有一定的风险。第一种方法是对管理者信心程度的个体化度量，较合理地通过直接性行为反映其心理特征并予以度量，因而被较多的学者所采用，比如叶蓓（2008）就借鉴了这种方法。但是这种方法也是有缺陷的，一是它的度量并不全面，因为持股这种行为及其变化只是反映管理者信心程度的一个较小的部分；二是持股的数量及其变化与管理者的信心程度及其变化之间并不存在明确、稳定的比例关系。不同的市场或制度条件下，不同的所有权性质，不同的行业或公司，关于管理者的持股数量、比例及其变动的规定可能相差较大，因而难以准确地比较与度量各公司间管理者信心过度程度及其差别，而基于管理者过度自信的财务实证研究需要对这种差别进行合理的比较与度量；三是管理者的持股变动要受到复杂的交易制度、公司治理规则的约束，因而即便想交易也可能受到限制，这样就有可能把其信心不足的特征误解为信心过度。

基于以上分析，我们认为现有的度量方法都不是很理想，因而拟提出一种新的度量思路。根据我国学者郝颖、刘星、林朝南（2005）的实证研究表明，高管人员的过度自信行为与企业投资水平显著正相关，其在投资决策中更有可能引发配置效率低下的过度投资行为[147]。并且，王霞、张敏、余富生（2008），马润平等（2012）通过对我国 A 股上市公司的研究发现，过度自信的管理者更倾向于过度投资[159-160]。此外，姜付秀、张敏、陆正飞、陈才东（2009）的实证研究也表明，管理者过度自信显著地影响了企业的扩张速度，它和企业的总投资水平、内部扩张之间存在显著的正相关关系，但和企业外部扩张（并购）之间的关系并不显著[161]。肖峰雷、李延喜、栾庆伟（2011）通过实证研究表明，董事长过度自信、首席执行官过度自信和高管团队过度自信都对公司投资存在正向影响[162]。胡国柳、周遂（2012）通过理论分析与实证检验发现，同非国有企业相比，存在过度自信的国有企业管理者对企业投资水平的正面影响更加明显[163]。翟淑萍、毕晓方（2016）把高新技术企业选做研究对象，发现过度自信的管理者更倾向于增加创新性投资[164]。因此，我们拟用公司进行投资扩张的程度来对管理者过度自信程度进行度量，其计算公式为

$$\text{OVERC} = \frac{\text{第 } i \text{ 年投资额} - \text{第 } i-1 \text{ 年投资额}}{\text{第 } i \text{ 年末资产总额}} \tag{6.3}$$

而提出上述度量方法的理由，除了有来自以上国内学者的实证研究的有效支持外，还包括：①建立私人王国是企业家精神的重要组成部分（熊彼特，1990），扩张冲动是企业家最重要的内生性行为特征之一[161]，因而投资扩张是反映公司管理者信心的一种基本、重要而广泛的行为，有较大的代表面；②投资扩张是公司管理者信心所引发的直接性行为，而且投资决策也确实是由管理者（包括董事会）主导或负责的，因而可用以度量其信心这种心理特征；③在投资扩张方面，公司管理者具备较强的主动性，受到的制度约束较小，起码比管理者持股要小，因而用以度量其信心程度的干扰因素较少、扭曲程度也相应较小；④投资本身就是面向未来的不确定程度较大的事项，反映了管理者对投资项目收益与风险的乐观评估，因而较好地反映了管理者在控制幻觉、知识幻觉及过度乐观上的态度，而这些正是管理者过度自信的基本组成部分；⑤我们用各年的投资扩张额除以总资产，这样可消除公司规模因素的影响，使不同公司之间具有较好的可比性。

（3）控制变量。对于控制变量的选择，将沿用5.3节的有关控制变量，具体见表5-11。其中：

①本章假设1中各控制变量的预期符号同5.3节假设1的各控制变量预期符号，在此不再赘述。

②本章假设2中各控制变量的预期符号如下：公司规模的预期符号为正，因为公司规模越大，相较小规模公司而言，其相应的筹资渠道则越多，资金则越充裕，因而公司股利支付率可能越高。公司资产负债率的预期符号为负，因为公司的资产负债率越高，其债务负担就越重，则越可能将收益留存于公司内部，因而公司股利支付率可能越低。公司每股收益的预期符号为负，因为公司盈利能力越强，其越倾向于通过再投资的方式获得更高的回报，因而公司股利支付率可能越低。公司每股资本公积的预期符号为负，因为公司的每股资本公积数额越大，其相应的股本扩张能力就越强，就越可能采用公积金转增股本的方式来派发股利，因而即使派现，

股利支付率也会较低。公司每股自由现金流的预期符号为正，因为公司自由现金流越充沛，意味着可分配给公司股东的现金越多，因而公司股利支付率可能越高。公司流通股比例的预期符号为负，因为公司流通股比例越高，意味着其非流通股比例就会越低，因而公司派现的意愿就会减弱，股利支付率则可能越低。

3. 研究方法与模型构建

由于假设 1 所分析的因变量是定性的非连续变量，即送转股和纯派现两种状态，仅能用属性变量 1 或 0 的形式表示。当公司采用送转股的方式支付股利时，用 1 表示；当公司采用纯派现的方式支付股利时，用 0 表示。因此，针对假设 1，我们将采用二元 Logistic（Binary Logistic Regression）回归来建模，具体回归模型为

$$DIV = a_0 + a_1 OVERC + a_2 LN(ASS) + a_3 ALR + a_4 EPS +$$

$$a_5 PRFPS + a_6 FCFPS + a_7 POS + \sum YEAR + \varepsilon \qquad (6.4)$$

由于假设 2 所分析的因变量是连续变量，即公司股利支付率，因此，针对假设 2，将采用多元线性回归来建模，具体回归模型为

$$DPR = \beta_0 + \beta_1 OVERC + \beta_2 LN(ASS) + \beta_3 ALR + \beta_4 EPS +$$

$$\beta_5 PRFPS + \beta_6 FCFPS + \beta_7 POS + \sum YEAR + \varepsilon \qquad (6.5)$$

由于研究期间为 2010—2018 年，因此，模型（6.4）和模型（6.5）都是采用面板数据（Panel Data）的模型。

6.3.3 模型（6.4）的实证结果与说明

1. 描述性统计分析

由表 6 - 2 可知，送转股公司管理者过度自信的均值为 0.135，大于纯

派现公司管理者过度自信的均值0.093，由此说明，管理者过度自信程度越大，其选择送转股的可能性越大。同时，控制变量中，送转股公司的公司规模、每股自由现金流均值都小于纯派现公司，而其资产负债率、每股收益、每股资本公积与流通股比例均值都高于纯派现公司，这说明公司规模、每股自由现金流越小，资产负债率、每股收益、每股资本公积与流通股比例越高，上市公司选择送转股的可能性越大，这与前面的预期相一致。

表6-2　　　　　　　模型（6.4）的主要变量的描述性统计

变量	送转股公司（$N=1494$）				纯派现公司（$N=7568$）			
	最小值	最大值	均值	标准差	最小值	最大值	均值	标准差
OVERC	-0.148	0.731	0.135	0.123	-0.338	0.557	0.093	0.128
LN(ASS)	17.641	28.194	22.391	0.924	18.187	28.520	22.802	0.899
ALR	0.019	0.934	0.450	0.158	0.011	0.974	0.475	0.189
EPS	-1.375	15.378	0.768	1.213	-3.929	30.114	0.542	1.625
PRFPS	-0.740	24.333	1.330	1.445	-1.194	24.333	1.606	1.455
FCFPS	-21.567	14.185	-0.423	1.766	-35.215	31.648	-0.116	2.831
POS	0.080	1.000	0.532	0.169	0.068	1.000	0.509	0.173

2. Logistic 统计回归分析

（1）各自变量间的相关性分析。在对模型（6.4）进行 Logistic 回归分析之前，我们需要对各自变量之间的多重共线性进行检验，具体结果见表6-3。由结果可知，尽管一些自变量间存在显著相关性，但是相关系数的绝对值都较小，均未超过0.5（Stone & Rasp, 1991），因此，各自变量均可纳入模型（6.4）中。

表6-3 模型（6.4）的各自变量的相关系数

变量	相关性	OVERC	LN(ASS)	ALR	EPS	PRFPS	FCFPS	POS
OVERC	Pearson Correlation Sig.（2-tailed）	1 .						
LN(ASS)	Pearson Correlation Sig.（2-tailed）	0.048 ** 0.008	1 .					
ALR	Pearson Correlation Sig.（2-tailed）	0.017 0.465	0.213 * 0.024	1 .				
EPS	Pearson Correlation Sig.（2-tailed）	0.037 ** 0.000	0.265 * 0.015	0.074 ** 0.000	1 .			
PRFPS	Pearson Correlation Sig.（2-tailed）	0.026 ** 0.000	0.032 0.167	-0.185 * 0.029	0.246 ** 0.000	1 .		
FCFPS	Pearson Correlation Sig.（2-tailed）	0.220 ** 0.003	0.011 ** 0.000	0.189 ** 0.036	0.062 ** 0.009	-0.107 ** 0.000	1 .	
POS	Pearson Correlation Sig.（2-tailed）	-0.039 ** 0.000	0.043 ** 0.000	0.175 * 0.011	0.056 * 0.045	-0.130 0.082	0.088 0.149	1 .

注：** 表示通过1%的显著性检验水平，* 表示通过5%的显著性检验水平。

（2）Logistic 回归结果分析。运用 SPSS 统计软件，对模型（6.4）进行 Logistic 回归，具体回归结果见表6-4。由该结果可知，管理者过度自信的逻辑回归系数为正，且在1%水平上显著，这与假设1相一致，表明管理者过度自信的程度越高，上市公司越可能采用送转股的方式分配股利。换言之，管理者过度自信的程度越高，越有可能让股利政策成为其扩张性投资与融资决策的工具，也就越有可能将收益留存于企业内部以增强其内部融资能力，因而推出非纯现金股利政策的可能性也就越大。这也与前面的描述性统计结果相一致。同时，各控制变量的逻辑回归系数符号均与预期符号一致，且都通过了1%的显著性检验水平。其中：公司规模、每股自由现金流均与公司送转股的概率在1%水平显著负相关；公司资产负债率、每股收益、每股资本公积、流通股比例均与公司送转股的概率在 1% 水平显著正相关。由此可见，回归结果与假设 1 一致，因此假设 1 成立。

表 6 – 4　　　　　　　　　　**模型（6.4）的 Logistic 回归结果**

变量名称	预期符号	B	S. E.	Wald	df	Sig.	Exp（B）
OVERC	+	2. 128 ***	0. 471	23. 128	1	0. 000	5. 887
LN（ASS）	−	− 0. 612 ***	0. 032	117. 383	1	0. 000	0. 556
ALR	+	1. 634 ***	0. 146	58. 132	1	0. 000	6. 877
EPS	+	0. 857 ***	0. 079	74. 095	1	0. 000	2. 193
PRFPS	+	0. 372 ***	0. 048	87. 137	1	0. 000	1. 674
FCFPS	−	− 0. 232 ***	0. 029	31. 486	1	0. 000	0. 626
POS	+	1. 640 ***	0. 369	17. 243	1	0. 000	2. 905
年度固定效应		控制	控制	控制	控制	控制	控制
Constant		8. 332 ***	0. 691	73. 813	1	0. 000	2933. 646
Nagelkerke R Square		0. 237					
Chi – square test of model's fit		674. 507 （Sig. = 0. 000）					
样本数（N）		9062					

注：*** 表示通过 1% 的显著性检验水平；** 表示通过 5% 的显著性检验水平；* 表示通过 10% 的显著性检验水平。

6.3.4　模型（6.5）的实证结果与说明

1. 描述性统计分析

有关样本变量的描述性统计结果见表 6 – 5。从表 6 – 5 中可以看到，送转股公司的管理者过度自信均值为 0. 135，大于纯派现公司的管理者过度自信均值 0. 093。与此相对应，送转股公司的现金股利支付率由最小值 0（纯送转股公司）到最大值 5. 107 不等，均值为 0. 281，但是无论是最小值、最大值，抑或均值都小于纯派现公司的现金股利支付率。由此说明，管理者过度自信的程度越高，其上市公司的现金股利支付率反而越低。同时，控制变量中，送转股公司的公司规模、每股自由现金流均值都小于纯派现公司，而其资产负债率、每股收益、每股资本公积与流通股比例均值都高于纯派现公司，这说明公司规模、每股自由现金流越小，资产负债率、每股收益、每股资本公积与流通股比例越高，上市公司的现金股利支付率就越低。这与前面的预期基本一致。而为了进一步分析管理者过度自信与上市公司现金股利支付率之间的相关性，下面拟对模型（6.5）进行多元回归分析。

表 6 - 5　　　　　　　模型（6.5）的主要变量的描述性统计

变量	送转股公司（$N = 1456$）				纯派现公司（$N = 7450$）			
	最小值	最大值	均值	标准差	最小值	最大值	均值	标准差
DPR	0	5.107	0.281	0.537	0.012	79.273	0.398	4.657
OVERC	- 0.148	0.731	0.135	0.123	- 0.338	0.557	0.093	0.128
LN(ASS)	19.366	28.194	22.390	0.873	18.187	28.520	22.801	0.899
ALR	0.019	0.934	0.449	0.158	0.011	0.950	0.473	0.121
EPS	0.002	15.378	0.796	1.113	0.0003	30.114	0.554	1.533
PRFPS	- 0.740	24.333	2.351	1.445	- 1.194	24.333	1.608	1.455
FCFPS	- 21.567	14.185	- 0.422	1.766	- 35.215	31.648	- 0.115	2.831
POS	0.080	1.000	0.532	0.169	0.068	1.000	0.509	0.173

2. 多元回归统计分析

（1）各自变量间的相关性分析。在进行多元回归分析之前，同样需要对各自变量之间的多重共线性进行检验，具体结果见表 6 - 6。由表 6 - 6 可知，尽管一些自变量间存在显著相关性，但是相关系数的绝对值都较小，均未超过 0.5（Stone and Rasp，1991），因此，各自变量均可纳入模型（6.5）中。此外，在 Collinearity Statistics 的回归方程中（见表 6 - 7），多重共线性检验结果显示，共线性检验值 Tolerance 均大于 0.1，VIF 值均小于 2 （临界值为 10)，说明回归方程不存在严重的多重共线性问题。

表 6-6　　　　　　　　　模型 （6.5) 的各自变量的相关系数

变量	相关性	OVERC	LN(ASS)	ALR	EPS	PRFPS	FCFPS	POS
OVERC	Pearson Correlation Sig.（2-tailed)	1 .						
LN(ASS)	Pearson Correlation Sig.（2-tailed)	0.035 ** 0.008	1 .					
ALR	Pearson Correlation Sig.（2-tailed)	0.219 0.187	0.149 * 0.016	1 .				
EPS	Pearson Correlation Sig.（2-tailed)	0.012 ** 0.000	0.233 * 0.026	0.086 ** 0.000	1 .			
PRFPS	Pearson Correlation Sig.（2-tailed)	0.028 0.072	0.321 0.156	0.098 * 0.039	0.046 ** 0.000	1 .		
FCFPS	Pearson Correlation Sig.（2-tailed)	0.053 * 0.044	0.097 0.059	0.063 ** 0.000	0.179 ** 0.000	-0.025 ** 0.000	1 .	
POS	Pearson Correlation Sig.（2-tailed)	-0.046 * 0.036	0.024 ** 0.000	0.159 * 0.014	0.237 0.061	-0.049 0.132	0.019 0.168	1 .

注：** 表示通过 1% 的显著性检验水平，* 表示通过 5% 的显著性检验水平。

（2）多元回归结果分析。运用 SPSS 统计软件，对模型 （6.5) 进行多元回归，回归结果见表 6-7。由表 6-7 可知，管理者过度自信的回归系数为负，但是不具统计上的显著性，这表明：一方面，管理者过度自信与上市公司现金股利支付率之间确实存在负相关关系，即管理者过度自信程度越高，上市公司的现金股利支付率则越低；另一方面，在影响上市公司现金股利支付率的众多因素中，有可能管理者过度自信并不占主导地位，因而不具统计上的显著性。此外，在各控制变量中，公司规模、资产负债率、每股收益、每股自由现金流、流通股比例的回归系数符号均与预期符号一致，其中，公司资产负债率、流通股比例与上市公司的现金股利支付率在1%水平显著负相关。只有每股资本公积这一控制变量的回归系数符号与我们的预期符号不一致，并且与上市公司的现金股利支付率在1%水平显著正相关。这有可能是因为：虽然公司的每股资本公积数额越大，其相应的股本扩张能力就越强，就越可能采用送转股非纯现金股利的方式分派股利，但是，如果公司一旦决定分派现金股利，其公积金的多少，也会对其派现的多少产生正向的影响，即通常每股资本公积的数额越大，其分派现金股利的数额也就越多。由此可见，模型（6.5）的多元回归结果与前面的假设2基本一致，因此，假设2成立。

表6-7　　　　　　　　　　　模型（6.5）的多元回归结果

变量	预期符号	回归系数		标准化回归系数	t	Sig.	Collinearity Statistics	
		B	Std. Error	Beta			Tolerance	VIF
（Constant）		0.313	0.327		0.812	0.567		
OVERC	−	−0.197	0.243	−0.062	−0.915	0.127	0.907	1.033
Ln（ASS）	+	0.058	0.033	0.084	0.448	0.265	0.871	1.127
ALR	−	−0.235**	0.041	−0.076**	−2.478	0.036	0.789	1.325
EPS	−	−0.112	0.137	−0.102	−0.160	0.632	0.693	1.045
PRFPS	−	0.063***	0.016	0.169***	3.556	0.000	0.822	1.322
FCFPS	+	0.054	0.068	0.118	0.934	0.148	0.858	1.214
POS	−	−0.286***	0.081	−0.109***	−2.415	0.000	0.732	1.041
年度固定效应	控制	控制	控制	控制	控制	控制	控制	控制
N	8906							
F 值	35.771（Sig. =0.000）							
R Square	0.179							

注：***表示通过1%的显著性检验水平；**表示通过5%的显著性检验水平；*表示通过10%的显著性检验水平。

6.3.5 小结

如何有效地度量管理者过度自信程度，一直是行为财务学研究的难题。基于现有的度量方法，我们认为都不是很理想，因而提出了一种新的度量思路，即用公司进行投资扩张的程度来对管理者过度自信的程度进行度量。在此基础上，构建了两个模型以深入研究管理者过度自信程度与公司股利政策之间的关系，研究结果表明：管理者过度自信程度越高，股利政策就越可能成为其扩张性投资与融资决策的工具，也就越可能将收益留存于企业内部以增强其内部融资能力。其主要表现为，管理者过度自信程度越高，一方面上市公司采用送转股非纯现金股利政策的可能性越大；另一方面上市公司即便支付现金股利，其现金股利支付率也比较低。其中，前者具有统计上的显著性（在1%水平显著正相关）；后者则不具统计上的显著性，其有可能是因为在影响上市公司现金股利支付率的众多因素中，管理者过度自信并不占主导地位。而该实证结果也进一步验证了前面关于管理者过度自信与公司股利决策的逻辑分析结果，即相较理性管理者而言，过度自信的管理者所经营的公司的现金股利支付水平会较低。

第7章 股利政策的制度改进与理性提升

7.1 理性与制度

舒尔茨（Schultz，1968）将制度定义为一种行为规则，这些规则涉及社会、政治及经济行为[165]。诺思（North，1994）则更明确地指出，制度提供了人类相互影响的框架，它们建立了构成一个社会，或更确切地说一种经济秩序的合作与竞争联系[166]。可见，制度本身就是一定理性的结果，而且它对受其规范或约束的个人或群体的行为及其理性程度具有有力地诱导或支配的作用，因此，行为主体的理性及其程度在相当程度上是由制度的理性及其程度所决定的。

与西方成熟资本市场相反，现金股利在我国资本市场并不受欢迎，投资者对其更多地表现为不敏感或是漠视。这不仅在我国国内现有的诸多实证研究中得到了广泛证实或支持，也在本书的调查研究中得到了印证。这种"非理性"的需求，其实是一系列相关制度作用的结果。比如，税收制度不利于现金股利分配；由于"同股不同价"，进而导致"同股不同权""同股不同利"的股票发行制度；导致中小股东一盘散沙，难以对公司治理结构发挥实质性影响的公司法律制度等。也就是说，投资者这种对于现金股利的

— 131 —

不敏感或是漠视，其实都是所有的"非理性"制度所逼出来的"无奈的非理性"而已。又如，我国资本市场个人投资者所表现出的过度从众的非理性行为，其实也与强调"集体性"的制度与教育传统，市场不规范、较为失序的信息披露制度，滞后而软弱的市场监管制度等相关制度息息相关。

同样地，管理者迎合或更确切地说是利用投资者似乎偏好"非现金股利"的反常需求，也是基于一系列相关制度的。首先，由于股权结构，特别是非流通股上的制度安排，诱致了上市公司及其控股股东对公司留存收益的饥渴性需求，使其倾向于制定它们本就渴望的非现金股利政策。其次，非流通股的存在，以及资本市场上并购中所需面临的重重障碍的法律制度，使得上市公司及其控股股东并不担心其市场价格的下跌与控制权易手的威胁，从而更放心地关注于对公司"真金白银"的占有。最后，由于公司治理制度上的问题，中小股东缺乏组织力（法律不支持甚至限制或禁止），因而，对于这样一群无力抗争的绵羊，是没有谁会主动送肉去给它们吃的。

另外，管理者在投资决策及股利政策上的"过度自信"，同样是基于相关制度上的问题。其一，由于公司治理结构处于严重失衡的状态，中小股东对大股东，以及股东特别是中小股东对管理者都缺乏有力的制约机制与手段，因而难以对他们的"过度自信"泼冷水或减油门。其二，作为在资本市场上占大多数的国有股或国有法人股控制的上市公司，由于股权性质上的非人格化、委托代理链条的冗长、公司财产权利与控股股东的公共权利或财产权利之间缺乏有效的隔离机制等原因，使其管理者的"内部人控制"问题较为严重，而管理者的控制欲的一个重要体现就是公司资产规模的扩张而非盈利效率的提高，而且其利益（不仅包括薪酬）也是更多地与前者，而非后者相联系。其三，管理者缺乏来自经理市场上的竞争压力，来对其"过度自信"的后果予以应该的与足够的惩罚，特别是对那些国字号的上市公司的管理者。

因此，公司股利政策，抑或资本市场的理性及其程度，包括管理者与投资者的行为上的理性程度，在相当程度上取决于相关制度的改进。

7.2　股利政策相关制度的改进与理性提升

如上所述，个人或群体行为的理性状态在相当程度上取决于相关制度的理性程度。因此，对于我国上市公司股利政策的非理性，乃至整个资本市场的非理性状况，主要还得依靠相关制度安排的改进。显然，这是个极其庞杂且相互牵连的复杂工程，而作为本书研究的引申性建议，则只能择其要点略述如下。

7.2.1　改进公司治理的制度环境

（1）从制度上支持中小投资者建立持股会之类的新型股权组织形式，使其能够在基于"自愿委托、同股同利、利益共享、风险共担"的原则上，规模化地行使中小投资者应有的参与公司决策（包括制定股利政策）的权利，并发挥应有的影响力。这样才能实现"团结就是力量"的组织力，才可能改变管理者、大股东漠视甚或侵掠中小股东权益的状态。

（2）改革公司治理结构的具体运行规则，积极推行累积投票权制度。所谓累积投票权，是指上市公司股东大会在投票表决一些重要事项时，实践中主要是在选举董事或监事时，给予全体股东的一种与表决公司的其他一般事项所不同的特别表决权利，即可累积性地或集中投票于某一个或几个候选人，从而有效限制了大股东对董事、监事选举过程的绝对控制力。这样才能在制定股利政策及其他重要决策时，有能够反映中小投资者意愿与利益的代理者，并缓解信息不对称的态势。

（3）取消红利税，赋予现金股利与资本利得相同的税收待遇。首先，投资者从上市公司得到的分红已经是上市公司的税后利润，而红利税的存在使得投资者面临重复缴税的问题。显然，这是有悖于税法公平原则的。其次，上市公司通过派现的方式来回报或回馈其投资者，本是天经地义且常理之中的事情，因此，不应该通过不同的税收待遇来加以阻碍。否则，这必然会沦为对上市公司"圈钱"行为的变相纵容或维护。并且，如果真地取消红利税，赋予两者相同的税收待遇，相信没有投资者会不喜欢"真金白银"。

（4）坚决推进控股股东，特别是母公司与上市公司之间的"业务、人事、财务"三分开制度，明晰各自产权界限，明令禁止或限制控股股东或母公司的越权行为。并且，对于强行挪用上市公司资财、侵掠其他股东合法权益的行为，应当出台相应的法律法规，且对其予以严惩。只有这样，上市公司的股利政策才可能不再沦为只为控股股东服务的工具。

（5）继续推进与完善"股权分置改革"，优化上市公司股权结构，消除导致上市公司非理性股利政策形成的制度性缺陷，使中小投资者能够参与上市公司股利政策的制定，并使其能够真正反映中小投资者的利益。此外，应在深化改革过程中，逐步缩小流通股与非流通股在获取代价（成本）上的巨大差异。这样才有可能真正实现"同股同利"，才有可能从根本上消除导致投资者"偏好非现金股利甚于现金股利"的这种非理性需求的深层原因，进而使其股利需求趋于理性化。

（6）健全与资本市场企业购并有关的法律体系，减少或消除购并过程中的法律障碍。换言之，要以法律形式明确兼并各方的权利、责任与义务，以及购并过程中的财产处理规范、工商登记、产品商标、统计标准以及职工安置等问题，保证企业购并的健康开展，从而使得资本市场不仅能够如实地反映上市公司的价值，而且也使后者面临潜在购并者的现实威胁，进而改变上市公司对其股价下跌视而不见、无动于衷的麻木状况，由此在制定股利政策时则不敢再漠视或利用中小投资者的需求。

（7）监管部门应从法制方面对上市公司的股利分配行为加以引导和规范，使其在股利分配方面有章可循、有法可依。如在对现金股利的规范上，证券监管部门应对实施派现的上市公司规定最低和最高的派现比例，且明确规定当公司每股未分配利润达到一定金额时，必须向股东支付现金股利，否则将对其课以一定程度的税负等。

7.2.2 改进资本市场的信息条件

信息的质量如何、是否充分、能否被及时有效地处理与利用，这是一个资本市场能否趋于理性所必要的基础条件。我国资本市场上的不理性状态（比如严重的从众效应）以及投资者对于股利需求的反常偏好等，都与信息条件的缺失息息相关，为此，至少应在以下几方面予以改进。

（1）完善上市公司股利分配的信息披露制度，杜绝信息披露中的不规范现象。具体措施可包括：对于不分配的上市公司，要求其必须在年报中充分披露不分配的理由，并要求独立董事对此行为发表意见；对于盈利能力很强却采用低现金股利的上市公司，要求其必须充分披露该留存收益的用途，即是否投资于盈利高的项目；对于申请配股的公司，要求其在公布配股方案时，必须公布详细的资金投入项目的可行性研究报告和以前年度配股资金使用情况的报告等。

（2）完善上市公司有关股利分配等会计信息披露的监管体系，即要以法律的形式明确各类监管主体的职权和责任，逐步确立并完善由政府监管部门、证券交易所、中介行业、自律组织、社会舆论、市场投资者等多位一体的、共同发挥作用的功能互补、统一高效的多元信息披露监管体系。具体措施可以包括：建立以证监会检查复审为核心的会计信息披露再监督体系，建立以注册会计师为核心的中介机构监管体系，发展和完善注册会计师审查制度等。

（3）严格执法，加大对虚假信息的检查及处罚力度。即要加大对相关法规及制度执行情况的检查力度，对于造假违规，敢于铤而走险的单位和个人，要加大惩处力度。具体措施可包括：严格落实并加大对上市公司出具虚假性公共信息，如招股说明书、财务报表等的处罚力度，并追究其各种责任，包括民事赔偿、刑事责任等；严格监督会计师事务所、资产评估所等中介机构对相关经济信息的鉴定业务与行为，并对其失职行为予以责任追究，包括民事上的连带赔付责任、停业整顿、吊销资格证或执照等行政责任，以及必要时的刑事责任等；对报纸、电视和电台等公共媒体上的相关信息发布者，包括股市评论员等加以监督，对其涉及虚假性或是欺诈性的信息提供、评论的行为进行责任追究；加强对资本市场异常交易等事件的实时监控，并及时调查处理，加大对"内幕消息"事件的查处力度，降低市场的不确定性程度。

当然，这仅仅是需要改进的相关制度的一部分，而要真正做到做好这些改进也并不容易，但是这必然会大大有助于股利政策的理性提升，进而实现整个资本市场的理性程度的提升。

第8章 结 论

着眼于行为财务学视角，本书力图在剖析我国市场参与者——投资者与管理者的心理及其行为特征的基础上，借鉴西方行为股利理论的最新研究成果以对我国上市公司股利分配异象进行更具针对性的本土化研究，并得到以下主要结论。

（1）与西方资本市场上市公司股利政策的实践经验或理性特征相比较，我国上市公司的股利政策表现出诸多的"非理性"，如股利分配形式繁杂多样，热衷送转股；实施派现的上市公司比例呈阶段性特征；股利回报率低于同期银行存款利率；非良性派现现象依然存在；股利政策缺乏连续性与稳定性等，因而，传统的经典股利理论很难对其进行强有力的解释或预测，这就要求我们必须另辟蹊径，着眼于新的视角，即运用行为股利理论及其方法来对其进行研究。

（2）根据问卷调查的统计结果可知，我国证券市场的中小投资者行为符合理性预期心理、后悔厌恶心理、启发式偏差心理，并且普遍具有羊群效应。这表明：一方面，西方行为股利理论中的理性预期理论、后悔厌恶理论及其前提假设，在我国同样具有普遍适用性；另一方面，由于市场环境的不同，我国证券市场投资者的非理性心理与行为并不完全类同于西方资本市场的投资者，换言之，在特定的市场环境与背景下，我国证券市场投资者的非理性心理与行为可能更具中国特色。同时，我国上市公司股利政策的诸多异象也可以由此来加以解释，如"股利分配形式繁杂多样，热衷送转股"可以用我国证券市场投资者普遍具有的启发式偏差及羊群效应的统计结果来解释;"股利政策不稳定,缺乏连续性"可以用我国证券市场投资者普遍不具有模糊厌恶心理的统计结果来解释等。

(3)基于问卷调查的统计结果,我们运用股利迎合理论,在对股利溢价进行改造的基础上,即将其定义为送转股公司与纯派现公司的平均市值账面比(M/B)的差值,利用 Logistic 模型以及多元回归模型来探讨我国上市公司管理者是否存在理性迎合投资者热衷送转股的股利偏好的行为,研究结果表明:投资者股利需求不仅对公司送转股概率的高低有着重要的影响,而且对其送转股比例的高低也有着重要的影响,也因此说明,我国上市公司管理者确实存在理性迎合投资者热衷送转股的股利偏好的行为,而迎合的目的,则是追求公司短期股价最大化,以获取股利溢价。

(4)如何有效地度量管理者过度自信程度,一直是行为财务学研究的难题。基于现有的度量方法,我们认为都不是很理想,因而提出了一种新的度量思路,即用公司进行投资扩张的程度来对管理者过度自信的程度进行度量。在此基础上,我们构建了两个模型以深入研究管理者过度自信程度与公司股利政策之间的关系,研究结果表明:管理者过度自信程度越高,股利政策就越可能成为其扩张性投资与融资决策的工具。其主要表现为,管理者过度自信程度越高,一方面上市公司采用送转股非纯现金股利政策的可能性越大;另一方面上市公司即便支付现金股利,其现金股利支付率也比较低。该实证结果也进一步验证了我们关于管理者过度自信与公司股利决策的逻辑分析结果。

(5)通过对投资者非理性与管理者非理性两个不同理论框架的理论分析与实证研究,笔者认为,个人或群体行为的理性状态在相当程度上取决于相关制度的理性程度,因此,公司股利政策,抑或资本市场的理性及其程度,包括投资者与管理者的行为上的理性程度,在相当程度上取决于相关制度的改进。由此,立足于公司股利政策的理性提升,我们择其要点提出了有关制度的改进建议,具体包括改进公司治理的制度环境和改进资本市场的信息条件等。

虽然我们的研究得到了期望的结果，但是本书仍然存在一些缺陷与不足，因而有待在后续研究中进一步改进、提高与完善。

（1）调查问卷在设计过程中，由于考虑到被调查对象——投资者的耐性与时间，所以仅就投资者的主要非理性心理及其行为进行了问题设计，因而有可能不能全面充分地反映我国证券市场投资者的所有非理性心理及其行为，从而有待在后续研究中加以改进与完善。

（2）尽管管理者同投资者一样具有各种心理偏差，如过度自信、后悔厌恶、习惯行为等，但是由于受篇幅、时间和作者能力的限制，本书只是择其非理性的主要表现——过度自信与公司股利政策之间的关系进行了研究，因此，后续研究中有待就管理者的其他非理性心理及行为进行全面深入研究，这样，对于我国上市公司非理性股利政策的全面解读及其改进将具有更加深远的理论及现实意义。

（3）对于管理者过度自信程度的度量，一直是行为财务学研究的难题，我们也一直竭尽全力积极探寻一种更为科学合理的度量方法，但是有可能浅尝辄止，与其他方法一样存在缺陷，因此，在后续研究中，一方面有待对该度量方法进行更加缜密的论证，另一方面则有待继续探求更加严谨的度量方法，从而使得研究更加贴近符合市场实际，进而为我国上市公司股利政策的理性提升提供理论依据与实践指导。

附录 投资者股利政策调查问卷

本次调查不记名，请选择与您情况最为相符的选项，谢谢您的配合！

【1】您的年龄：　　　　　　　　　　　　　　　　　　　（　　）

    A. 30 岁以下　　　　　　　　　B. 30 ~ 40 岁

    C. 41 ~ 50 岁　　　　　　　　　D. 51 ~ 60 岁

    E. 60 岁以上

您更倾向于投资下列哪种股票：　　　　　　　　　　　（　　）

    A. 股票派现率高，但股票增值趋势不明显

    B. 股票派现率低，但股票增值趋势较明显

【2】当公司发放的现金股利比上一年有大幅削减时，您一般会认为：

                                              （　　）

    A. 公司经营状况不佳，利润下滑

    B. 公司有好的项目需要投资

    C. 公司只有账面利润，现金流量不足

    D. 公司留存现金用于长远发展

    E. 大股东的需要

    F. 其他

【3】当公司发放的现金股利比上一年有大幅削减时，您一般会：

                                              （　　）

    A. 出售部分股票，用于日常消费或其他所需

B. 出售部分股票，用于购买其他股票

C. 出售全部股票，用于购买其他股票

D. 不关心派现多少，继续持有

【4】 对于派现所得，您一般是： （　　）

A. 全部取出，用于日常消费或其他所需

B. 取出部分，部分用于继续买股

C. 不取出，全部用于继续买股

【5】 对于下列情况，您更倾向于选择： （　　）

A. 用获得的 500 元股利收入购买一台饮水机

B. 用买卖股票所得到的 500 元购买一台饮水机

【6】 对于下列股票，您一般更喜好： （　　）

A. 有派现题材的股票

B. 有送转股题材的股票

C. 无所谓，两者差不多

【7】 下列哪种投资行为与您最为相符： （　　）

A. 投资行为独立，不受外界影响

B. 投资行为易受其他投资者的影响

C. 投资行为易受舆论或媒体的影响

【8】 对于公司不稳定的股利政策，您的看法是： （　　）

A. 能够接受，公司有根据其经营状况灵活制定股利政策的自由

B. 不能接受，公司应重视股东利益，保持相对稳定的股利政策

C. 不关心，获取股利并不是我投资的主要目的

参 考 文 献

［1］赵红. 我国上市公司股利政策浅析［J］. 财务与会计，2016
（10）：69－70.

［2］姚海琳. 浅析我国上市公司股利分配政策现状及对策建议［J］.
经贸实践，2017（10）：53.

［3］赵枚辉. 我国上市公司股利分配政策完善对策探讨［J］. 经济研
究导刊，2018（5）：53－54，58.

［4］黄果，陈收. 公司股利政策的行为金融研究视角［J］. 管理评
论，2004（1）：21－26，58.

［5］Lease R，Lewellen W，Schlarbaum G. Market Segmentation：Evi-
dence on the Individual Investor［J］. *Financial Analysts Journal*，1976，32
（5）：53－60.

［6］Pettit R. Taxes，Transactions Costs and the Clientele Effect of Divi-
dends［J］. *Journal of Financial Economics*，1977，5（3）：419－436.

［7］Shefrin H，Statman M. Exp1aining Investor Preference for Cash Divi-
dends［J］. *Journal of Financial Economics*，1984，13（2）：253－282.

［8］Alon Brav，John Graham，Campbell Harvey，et al. Payout Police
in the 21ˢᵗ Century［J］. *Journal of Financial Economics*，2005，77（3）：
483－527.

［9］Shefrin H，Statman M. Behavioral Capital Asset Pricing Theory［J］.
Journal of Financial and Quantitative Analysis，1994，29（3）：323－349.

［10］ Shefrin H, Statman M. The Disposition to Sell Winners too Early and Ride Losers too Long: Theory and Evidence ［J］. *Journal of Finance*, 1985, 40 （3）: 777 – 790.

［11］ Sean M Davis, Jeff Madura. How the Shift to Quality Distinguished Winners from Losers During the Financial Crisis ［J］. *Journal of Behavioral Finance*, 2012, 13 （2）: 81 – 92.

［12］ Frankfurter G M, Lane R W. The Rationality of Dividends ［J］. *International Review of Financial Analysis*, 1984, 1 （2）: 115 – 130.

［13］ Waller J W T. The Concept of Habit in Economic Analysis ［J］. *Journal of Economic Issues*, 1988, 22 （1）: 113 – 126.

［14］ Gordon Donaldson. A New Tool for Boards: Strategic Audit ［J］. *Havard Business Review*, 1995, 73 （4）: 99 – 107.

［15］ John Lintner. Distribution of Income of Corporations among Dividends, Retained Earnings and Taxes ［J］. *American Economic Review*, 1956, 46 （2）: 97 – 113.

［16］ Fama E, Babiak H. Dividend Policy: An Empirical Analysis ［J］. *American Statistical Association Journal*, 1968, 63 （324）: 1132 – 1161.

［17］ Baker Malcolm, Jeffery Wurgler. *A Catering Theory of Dividends* ［R］. Journal of Finance, Working Paper, 2002.

［18］ Baker Malcolm, Jeffery Wurgler. *Appearing and Disappearing Dividends: the Link to Catering Incentives* ［R］. Harvard University, Working Paper, 2003.

［19］ 徐明圣, 刘丽巍. 现代股利政策理论的演变及其评价 ［J］. 当代财经, 2003 （1）: 53 – 56.

［20］ 李常青. 西方现代股利政策理论的演进与评价 ［J］. 财会通讯, 2004 （6）: 59 – 61.

［21］ 张文佳, 方兆本. 西方现代股利政策理论及实证研究回顾 ［J］.

价值工程, 2004 (2): 88 - 91.

[22] 李常青, 张凤展, 王毅辉. 浅议股利迎合理论 [J]. 全国商情·经济理论研究, 2005 (9): 15 - 17.

[23] 李艳荣. 行为公司财务的最新发展及其启示 [J]. 上海立信会计学院学报, 2005 (1): 4 - 8.

[24] 陈嵘. 现代西方股利政策主要理论的发展与评价 [J]. 内蒙古农业大学学报, 2006 (1): 207 - 209.

[25] 付磊, 陈杰. 行为财务学: 公司股利政策研究的新视角 [J]. 商业会计, 2006 (1): 39 - 40.

[26] 郭强. 基于行为财务学的公司股利支付 [J]. 长安大学学报 (社会科学版), 2006 (1): 64 - 67.

[27] 李长春. 管理者非理性行为对公司理财目标的影响 [J]. 江苏商论, 2008 (1): 170 - 172.

[28] 周春梅. 股利政策理论研究的三次飞跃与展望 [J]. 会计之友, 2009 (1): 9 - 11.

[29] 樊正玲, 孙鹏. 西方股利政策理论综述 [J]. 中国集体经济, 2009 (6): 199 - 200.

[30] 倪明杨, 齐娜. 行为股利政策理论研究综述 [J]. 商业经济研究, 2015 (7): 109 - 111.

[31] 龚慧云. 行为股利政策研究: 一个文献综述 [J]. 上海金融, 2009 (9): 57 - 61.

[32] 李婉莹. 从行为金融的视角看我国上市公司的股利政策 [J]. 赤峰学院学报 (自然科学版), 2015 (10): 163 - 164.

[33] 张文娟. 行为股利理论研究综述 [J]. 商业经济, 2018 (3): 169 - 171.

[34] 陈炜. 中国股票市场股利政策和市场效率演变分析 [C]// 第二届实证会计国际研讨会论文集, 重庆, 2003: 386 - 392.

［35］何涛，陈小悦.中国上市公司送股、转增行为动机初探［J］.金融研究，2003（9）：44－56.

［36］黄果，陈收.上市公司非理性股利政策的行为财务分析［J］.管理评论，2004（11）：40－45.

［37］饶育蕾，马吉庆.中小投资者对现金股利的心理反应的调查与分析［J］.中南大学学报（社会科学版），2004（5）：610－614.

［38］王曼舒，齐寅峰.现金股利与投资者偏好的实证分析［J］.经济问题探索，2005（12）：65－71.

［39］邹振松，夏新平，余明桂.基于"非理性管理层假说"的行为公司金融研究述评［J］.华东经济管理，2006（9）：134－139.

［40］黄娟娟，沈艺峰.上市公司的股利政策究竟迎合了谁的需要［J］.会计研究，2007（8）：36－45.

［41］熊德华，刘力.股利支付决策与迎合理论——基于中国上市公司的实证研究［J］.经济科学，2007（5）：89－99.

［42］饶育蕾，贺曦，李湘平.股利折价与迎合：来自我国卜市公司现金股利分配的证据［J］.管理工程学报，2008（1）：133－136.

［43］卢太平，宋根苗.行为财务理论及其在公司股利政策中的应用［J］.财会通讯，2009（7）：55－56.

［44］龚慧云.基于股利迎合理论的我国上市公司送转股行为研究［J］.上海金融，2010（11）：67－72.

［45］支晓强，胡聪慧，童盼，马俊杰.股权分置改革与上市公司股利政策——基于迎合理论的证据［J］.管理世界，2014（3）：139－147.

［46］戚拥军.上市公司"高送转"行为探析——以中联重科2010年中期送股方案为例［J］.商业会计，2011（24）：18－20.

［47］郑振龙，孙清泉.彩票类股票交易行为分析：来自中国A股市场的证据［J］.经济研究，2013（5）：128－140.

［48］李心丹，俞红海，陆蓉，徐龙炳.中国股票市场"高送转"现

象研究 [J]. 管理世界, 2014 (11): 133 - 145.

[49] 黄文锋, 洪雪珍. 创业板上市公司 "高送转" 动机研究 [J]. 财会通讯, 2018 (8): 91 - 95, 128.

[50] Robert Haugen. *The Inefficient Stock Market* [M]. New Jersey: Prentice Hall, 1999.

[51] 刘海啸. 行为金融理论及其对标准金融市场理论的挑战 [J]. 燕山大学学报 (哲学社会科学版), 2004 (5): 53 - 59, 63.

[52] Scharfstein D S, Stein J C. Herd Behaviour and Investment [J]. *American Economic Review*, 1990, 80 (3): 465 - 479.

[53] Figlewski, Stephan. Subjective Information and Market Efficiency in a Betting Market [J]. *Journal of Political Economy*, 1979, 87 (1): 75 - 88.

[54] John Y Campbell, Albert S Kyle. Smart Money, Noise Trading and Stock Price Behavior [J]. *Journal of Economic Studies*, 1993, 60 (1): 1 - 34.

[55] DeLong J B, Shleifer A, Summers L, et al. Noise Trader Risk in Financial Markets [J]. *Journal of Political Economy*, 1990, 98 (4): 703 - 738.

[56] Kahneman, Tversky. Prospect Theory: An Analysis of Decision under Risk [J]. *Econometrica*, 1979, 47 (2): 236 - 291.

[57] Thaler R H. Seasonal Movements in Security Prices II: Weekend, Holiday, Turn of the Month, and Intraday Effects [J]. *Journal of Economic Perspectives*, 1987, 1 (2): 169 - 177.

[58] Thaler R H. Mental Accounting Matters [J]. *Journal of Behavioral Decision Making*, 1999, 12 (3): 183 - 206.

[59] Shiller R J. Do Stock Prices Move too much to Be Justified by Subsequent Changes in Dividends? [J]. *American Economic Review*, 1981, 71 (3): 421 - 498.

[60] Shiller R J. Conversation, Information, and Herd Behavior [J]. *American Economic Review*, 1995, 85 (2): 181 - 185.

［61］ Stephen F LeRoy, Richard D Porter. The Present – Value Relation: Tests Based on Implied Variance Bounds ［J］. *Econometrica*, 1981, 49 (3): 555 – 574.

［62］ Shefrin H, Statman M. Behavioral Portfolio Theory ［J］. *Journal of Finance and Quantitative Analysis*, 2000, 35 (2): 127 – 151.

［63］ Ritter J R. The Long-run Performance of Initial Public Offerings ［J］. *Journal of Finance*, 1991, 46 (1): 1 – 27.

［64］ Kahneman, Daniel, Mark W Riepe. Aspects of Investor Psychology ［J］. *Journal of Portfolio Management*, 1998, 24 (4): 52 – 65.

［65］ Bhattacharya S. Imperfect Information, Divident Policy, and "the Bird in the Hand" Fallacy ［J］. *Bell Journal of Economics*, 1979, 10 (1): 259 – 270.

［66］ M Miller, F Modigliani. Dividend Policy, Growth, and the Valuation of Shares ［J］. *Journal of Business*, 1961, 34 (4): 411 – 433.

［67］ Easterbrook F H. Two Agency-cost Explanations of Dividends ［J］. *American Economic Review*, 1984, 74 (9): 220 – 230.

［68］ Graham H P. Dividend Policy and Its Relationship to Investment and Financial Policies: Empirical Evidence ［J］. *Journal of Business Finance and Accounting*, 1985, 12 (4): 531 – 542.

［69］ Pajari. The Self-control on Dividend Policy ［J］. *American Economic Review*, 2004.

［70］ Thaler R H. Mental Accounting and Consumer Choice ［J］. *Marketing Science*, 1985, 4 (3): 199 – 214.

［71］ 王稳. 行为金融学 ［M］. 北京: 对外经济贸易大学出版社, 2004.

［72］ 高鸿业, 刘凤良. 20 世纪西方经济学的发展 ［M］. 北京: 商务印书馆, 2004.

［73］［美］奈特．风险、不确定性和利润［M］．安佳，译．北京：商务印书馆，2010．

［74］Akerlof G. The Market for "Lemons"：Quality Uncertainty and the Market Mechanism［J］．*Quarterly Journal of Economics*，1970，84（3）：488 － 500．

［75］Winter S. Economic "Natural Selection" and the Theory of the Firm［J］．*Yale Economic Essays*，1964，4（1）：224 － 272．

［76］袁振兴．财务目标：最大化还是均衡——基于利益相关者财务框架［J］．会计研究，2004（11）：38 － 42．

［77］王庆成，孙茂竹．我国近期财务管理若干理论观点述评［J］．会计研究，2003（6）：40 － 43．

［78］伍中信．财权起点论：财务研究逻辑起点的现实选择［J］．财会学习，2006（12）：10 － 13．

［79］汤谷良．现代企业财务的产权思考［J］．会计研究，1994（5）：6 － 10．

［80］王跃武．财权、财权主体与财务治理：我国制度财务学发展的逻辑主线［J］．审计与经济研究，2009（3）：82 － 86．

［81］伍中信．现代财务经济导论［M］．上海：立信会计出版社，1999．

［82］伍中信．产权会计与财权流研究［M］．成都：西南财经大学出版社，2006．

［83］杨淑娥，金帆．关于公司财务治理问题的思考［J］．会计研究，2002（12）：51 － 55．

［84］衣龙新．财务治理理论初探［J］．财会通讯，2002（10）：7 － 9．

［85］张敦力．试论公司治理中的财务治理［J］．会计研究，2003（5）：21 － 23．

［86］衣龙新，何武强．财务治理、公司治理与财务管理辨析［J］．

财会月刊，2003（12）：46 – 47.

［87］伍中信. 现代公司财务治理理论的形成与发展［J］. 会计研究，2005（10）：13 – 18.

［88］Brad M Barber, Terrance Odean. Boys Will Be Boys：Gender, Overconfidence，and Common Stock Investment［J］. *Quarterly Journal of Economics*，2001，116（1）：261 – 292.

［89］Simon Gervais, Terrance Odean. Learning to be Overconfident［J］. *The Review of Financial Studies*，2001，14（1）：1 – 27.

［90］深圳证券交易所. 深交所 2018 年个人投资者状况调查报告［EB/OL］.（2018 – 11 – 28）［2019 – 10 – 28］. https：//wenku. baidu. com/view/5e415f29ce84b9d528ea81c758f5f61fb73628ed. html.

［91］Frank H Knight. *The Ethics of Competition and Other Essays*［M］. New York：Harper & Bros；London：George Allen & Unwin, 1935.

［92］Ulrike Malmendier, Geoffrey Tate. CEO Overconfidence and Corporate Investment［J］. *Journal of Finance*，2005，60（6）：2661 – 2700.

［93］［英］约翰·梅纳德·凯恩斯. 就业、利息和货币通论［M］. 高鸿业，译. 北京：商务出版社，1999.

［94］严伯进. 我国证券投资者的投资行为偏差分析——针对江苏投资者的一项调查［J］. 现代管理科学，2002（2）：34 – 36.

［95］上海证券交易所. 上海证券交易所统计年鉴（2018 卷）［M］. 上海：上海人民出版社，2018.

［96］宋军，吴冲锋. 基于分散度的金融市场的羊群行为研究［J］. 经济研究，2001（11）：21 – 26.

［97］韩勇. 基于群体心理分析的证券投资策略［J］. 经济论坛，2004（1）：86 – 88.

［98］Robert Conroy, Kenneth Fades. *The Information Content of Dividend Changes in Japan*［R］. Working Paper, 1996.

［99］罗宏. 上市公司现金股利政策与公司治理研究［D］. 广州：暨南大学，2006.

［100］Lintner J. Distribution of Incomes of Corporations among Dividends，Retained Earnings，and Taxes［J］. *American Economics Review*，1956，46（2）：92－113.

［101］薛宝莉，刘杉，梁粉莲. 中外上市公司股利政策比较分析［J］. 工业技术经济，2008（9）：7－9.

［102］Wayne Guay，Jarrad Harford. The Cash-flow Permanence and Information content of Dividend Increases Versus Repurchases［J］. *Journal of Financial Economics*，2000，57（3）：385－415.

［103］Myeong－Hyeon Cho. Ownership Structure，Investment，and the Corporate Value：An Empirical Analysis［J］. *Journal of Financial Economics*，1998，47（1）：103－121.

［104］陈晓，陈小悦，倪凡. 我国上市公司首次股利信号传递效应的实证研究［J］. 经济科学，1998（5）：33－43.

［105］俞乔，程滢. 我国公司红利政策与股市波动［J］. 经济研究，2001（4）：32－40.

［106］程燕. 我国沪市上市公司股利分配市场反应的实证研究［J］. 新疆财经，2002（3）：45－48.

［107］严武，潘如璐，石劲. 中国上市公司股利公告效应实证研究：1993—2006［J］. 当代财经，2009，298（9）：53－55.

［108］李国富. 上市公司送、转股行为分析［J］. 经济经纬，2005（5）：139－141.

［109］杨钧杰. 浅谈我国上市公司股利分配政策［J］. 经济研究导刊，2018（2）：85－86.

［110］王晴. 股权分置改革后我国上市公司股利政策稳定性的实证研究［J］. 时代金融，2015（7）：121－122.

[111] 杨宝，甘孜露．中国上市公司现金分红稳定性指数研究［J］．财会通讯，2019（23）：3－8．

[112] 卢现祥．西方新制度经济学［M］．北京：中国发展出版社，1996．

[113]［美］赫伯特·西蒙．现代决策理论的基石［M］．杨砾，徐立，译．北京：北京经济学院出版社，1989．

[114] 陈野华．行为金融学［M］．成都：西南财经大学出版社，2006．

[115] 李心丹．行为金融学：理论及中国的证据［M］．上海：上海三联书店，2004．

[116] 张浩．基于行为融资理论的融资偏好研究［D］．天津：天津大学，2005．

[117] Malcolm Baker，Richard S Ruback，Feffrey Wurgler．*Behavioral Corporate Finance：a Survey*［R］．NYU Working Paper No. FIN － 04 － 024，2004．

[118] 范惠玲．我国股市暴涨和暴跌中的羊群行为分析［J］．会计之友，2008（8）：105．

[119] 张文娟，于芹娥．浅析上市公司非理性股利政策［J］．绿色财会，2014（9）：52－54．

[120] 李国平．行为金融学［M］．北京：北京大学出版社，2006．

[121] 张水泉，韩德宗．上海股票市场股利与配股效应的实证研究［J］．预测，1997（3）：28－33．

[122] 魏刚．中国上市公司股利分配的实证研究［J］．经济研究，1998（6）：30－36．

[123] 陈浪南，姚正春．我国股利政策信号传递作用的实证分析［J］．金融研究，2000（10）：69－77．

[124] 魏刚．中国上市公司股票股利的实证分析［J］．证券市场导

报，2000（11）：23 - 27.

[125] 杨淑娥，王勇，白革萍. 我国股利分配政策影响因素的实证分析 [J]. 会计研究，2000（2）：31 - 34.

[126] 赵春光，张雪丽，叶龙. 股利政策：选择动因——来自我国证券市场的实证证据 [J]. 财经研究，2001（2）：48 - 53.

[127] 王咏梅. 股利分配政策相关因素与市场反应研究 [J]. 证券市场导报，2003（12）：24 - 28.

[128] 杨奇原，李礼. 我国上市公司股利政策的影响因素研究 [J]. 求索，2006（8）：26 - 28.

[129] 易颜新，柯大钢，王平心. 我国上市公司股利分配决策的调查研究分析 [J]. 南开管理评论，2008（1）：48 - 57.

[130] 薛祖云，刘万丽. 中国上市公司送转股行为动因的实证研究 [J]. 厦门大学学报，2009（5）：114 - 121.

[131] 吴平. 上市公司高派现与不分配现象研究 [J]. 经济纵横，2010（10）：99 - 101.

[132] 胡国柳，李伟铭，张长海等. 股权分置、公司治理与股利分配决策：现金股利还是股票股利 [J]. 财经理论与实践，2011（1）：37 - 42.

[133] 王艳娜，孙芳芳. 公司高派现股利政策的选择——基于贵州茅台的案例分析 [J]. 国际商务财会，2013（10）：24 - 27.

[134] 韦秀仙，刘文，王腾飞. 上市公司股利政策与公司绩效相关性研究 [J]. 中国管理信息化，2014（4）：5 - 7.

[135] 赵爱玲，赵旭康. 上市公司高派现、高送转股利政策影响因素研究——以大富科技为例 [J]. 财会月刊，2019（9）：36 - 44.

[136] 刘星，李豫湘. 灰色关联度评价法在股利政策相关因素分析中的应用 [J]. 系统工程，1998（9）：78 - 81.

[137] March J G，Shapira Z. Managerial Perspectives on Risk and Risk Taking [J]. *Management Science*，1987，33（11）：1404 - 1418.

［138］S Gilson. Management Turnover and Financial Distress ［J］. *Journal of Financial Economics*, 1989, 25 (2): 241 – 262.

［139］Shefrin H. *Beyond Greed and Fear: Understanding Behavioral Finance and the Psychology of Investing* ［M］. Boston, MA: Harvard Business School Press, 1999.

［140］Shefrin H. Behavioral Corporate Finance ［J］. *Journal of Applied Corporate Finance*, 2001, 14 (3): 113 – 124.

［141］Debondt W, Thaler R H. *Financial Decision – Making in Market and Firms: a Behavioral Perspective* ［R］. NBER Working Paper, 1994: 4777.

［142］Cooper A C, Dunkelberg W C, Woo C Y. Entrepreneurs Perceived Chances for Success ［J］. *Journal of Business Venturing*, 1988, 3 (2): 97 – 108.

［143］Landier Augustin, David Thesmar. *Financial Contracting with Optimistic Entrepreneurs: Theory and Evidence* ［R］. University of Chicago, Working Paper, 2004.

［144］Kidd J B, Morgan J R. A Predictive Information System for Management ［J］. *Operational Research Quarterly*, 1969, 20 (2): 149 – 170.

［145］Merrow E W, Phillips K E, Myers C W. *Understanding Cost Growth and Performance Shortfalls in Pioneer Plants* ［R］. Santa Monica, CA: Rand Corporation, 1981.

［146］Meir Statman, Tyzoon T Tyebjee. Optimistic Capital Budgeting Forecasts: An Experiment ［J］. *Financial Management*, 1985, 14 (3): 27 – 33.

［147］郝颖, 刘星, 林朝南. 我国上市公司高管人员过度自信与投资决策的实证研究 ［J］. 中国管理科学, 2005 (5): 142 – 148.

［148］Ulrike Malmendier, Geoffrey Tate, Jonathan Yan. *Corporate Financial Policies with Overconfident Managers* ［R］. NBER Working Paper No. w13570, 2007.

［149］Malmendier U，Tate G. Who makes acquisitions？CEO overconfidence and the market's reaction ［J］. *Journal of Financial Economics*，2015，89（1）：20－43.

［150］Itzhak Ben－David，Campbell R Harveyand，John R Graham. *Managerial Overconfidence and Corporate Policies* ［R］. AFA 2007 Chicago Meetings Paper，2007.

［151］Sanjay Deshmukh，Anand M Goel，Keith M Howe. *CEO Overconfidence and Dividend Policy* ［R］. Federal Reserve Bank of Chicago，Working Paper Series WP－09－06，2009.

［152］Sanjay Deshmukh，Anand M Goel，Keith M Howe. CEO Overconfidence and Dividend Policy ［J］. *Journal of Financial Intermediation*，2013，22（3）：440－463.

［153］黄莲琴，屈耀辉，傅元略. 大股东控制、管理层过度自信与现金股利 ［J］. 山西财经大学学报，2011，33（10）：105－113.

［154］胡秀群，吕荣胜，曾春华. 高管过度自信与现金股利相关性研究——基于融资约束的视角 ［J］. 财经理论与实践，2013，34（6）：59－64.

［155］Oliver B. *The Impact of Management Confidence on Capital Structure* ［M］. Canberra：Australian National University，2005.

［156］Lin Y，Hu S，Chen M. Managerial Optimism and Corporate Investment：Some Empirical Evidence from Taiwan ［J］. *Pacific－Basin Finance Journal*，2005，13（5）：523－546.

［157］Bing－Xuan Lin，David Michayluk，Henry R. Oppenheimer，et al. Hubris amongst Japanese bidders ［J］. *Pacific－Basin Finance Journal*，2008，16（1－2）：121－159.

［158］余明桂，夏新平，邹振松. 管理者过度自信与企业激进负债行为 ［J］. 管理世界，2006（8）：104－112.

［159］王霞，张敏，于富生．管理者过度自信与企业投资行为异化——来自我国证券市场的经验证据［J］．南开管理评论，2008（2）：77－83．

［160］马润平，李悦，杨英等．公司管理者过度自信、过度投资行为与治理机制——来自中国上市公司的证据［J］．证券市场导报，2012（6）：38－43．

［161］姜付秀，张敏，陆正飞，陈才东．管理者过度自信、企业扩张与财务困境［J］．经济研究，2009（1）：31－43．

［162］肖峰雷，李延喜，栾庆伟．管理者过度自信与公司财务决策实证研究［J］．科研管理，2011，32（8）：151－160．

［163］胡国柳，周遂．政治关联、过度自信与非效率投资［J］．财经理论与实践，2012，33（6）：37－42．

［164］翟淑萍，毕晓方．环境不确定性、管理层自信与企业双元创新投资［J］．中南财经政法大学学报，2016（5）：91－100．

［165］Theodore W Schultz. Institutions and the Rising Economic Value of Man［J］．*American Journal of Agricultural*，1968，50（5）：1113－1122．

［166］［美］道格拉斯·C.诺思．经济史中的结构与变迁［M］．陈郁，罗华平，等译．上海：上海三联书店，上海人民出版社，1994．